When Objective-C met Swift

당신의 뛰어난 경험이, 우리 출판사를 통해 유익한 책이 될 수 있다면 얼마나 좋을까요? **never2go**@naver.com

Authorized translation from the English language edition, entitled Swift Translation Guide for Objective-C Developers: DEVELOP AND DESIGN, 1st Edition by KELLY, MAURICE published by Pearson Education, Inc., publishing as Peachpit Press, Copyright©2015

All rights reserved. No part of this book may be reproduced or transmitted in any form by any means, electronic, mechanical, including photocopying, recording or by any information storage retrieval system, without permission from Pearson Education, Inc.

Korean language edition published by Spotlight Book, Copyright©2017

이 책의 한국어판 저작권은 에이전시 원을 통해 저작권자와의 독점 계약으로 스포트라잇북에 있습니다. 신저작권법에 의해 한국 내에서 보호를 받는 저작물이므로 무단전재와 무단복제를 금합니다.

● ● ● ● ●

오브젝티브-C 유저에게 매우 유용한 전환 가이드

오브젝티브-C가 스위프트를 만났을 때

모리스 켈리 지음 • 기번스 옮김

이재은 감수

스포트라잇북
SPOTLIGHT BOOK

저자에 대하여

모리스 켈리는 2001년 대학을 졸업하고 소프트웨어 엔지니어링에 몸 담아 왔습니다. 이동 통신 서버 소프트웨어 작업에 여러 해를 보낸 뒤, iOS 개발자가 되어 사용자 인터페이스 분야에서 책임자를 맡았습니다. 그는 신시사이저와 음악을 사랑하고, 언젠가는 랜드로버 디펜더를 사겠다는 꿈이 있습니다. 그는 아내와 아이들과 함께 북아일랜드 드로마라 외곽의 작은 마을에 살고 있습니다.

역자에 대하여

기번스는 기획하는 번역가 모임입니다. 다양한 분야에서 기획부터 번역까지 시도하고 실험합니다.

감수자에 대하여

감수자 이재은은 〈꼼꼼한 재은 씨〉 시리즈의 저자입니다. 웹 개발, 네트워크 서버 개발, 윈도우 API 및 코코아 프로그래밍, 데이터 분석 등 다양한 실무 분야를 다루어왔으며, 현재 19년차 현업 프로그래머로 재직 중입니다. 다음 저서 집필로 바쁜 시절임에도 출판사의 간곡한 부탁을 거절하지 못하여 감수를 맡게 되었습니다.

감수자의 말
오브젝티브-C 유저들에게 단비가 될 책

스위프트가 발표된 지도 거의 만 3년이 다 되어 갑니다. 그 동안 스위프트는 격변의 시기를 거쳐 강하고 튼튼한 언어로 자리매김했습니다. 또한 빠른 속도로 오브젝티브-C를 밀어내고 있습니다. 초기에 스위프트로 코드를 구현하기 위해서는 매번 동일한 주제의 오브젝티브-C 코드를 참고하고 이를 스위프트 코드로 변환하는 수작업을 거쳐야만 했지만, 이제는 원하는 내용을 구현하는 스위프트 코드를 마음만 먹으면 쉽게 찾아볼 수 있는 수준에 이르게 되었습니다.

하지만 그럼에도 불구하고 기존의 오브젝티브-C 개발에 익숙했던 사용자들에게 스위프트는 고민의 대상입니다. 이변이 없는 한 iOS 앱 개발을 지속하기 위해서 스위프트로 옮겨야 하는 것만은 분명하지만, 그 시기를 언제로 잡아야 하는가에 대해서는 고민이 될 수 밖에 없습니다. 이런 의미에서 오브젝티브-C 유저들에게 이 책은 반가운 단비같은 존재가 될 것이라고 생각합니다.

· · · · ·

감수 과정을 통해 책의 내용을 엿보면서 오브젝티브-C에 익숙한 사람들의 입장에서 스위프트에 대한 안내서 역할을 충실히 하고 있다는 것을 느꼈습니다. 이미 상당히 기반 지식이 쌓여있는 이들에게 백과사전이나 바이블 식의 상세한 설명은 필요없을 겁니다. 핵심은 현재의 오브젝티브-C를 스위프트라는 언어가 어떤 식으로 대체하고 있는가에 있죠. 이 책을 통해 오브젝티브-C 개발자들이 익숙하고 자연스럽게 스위프트 문법과 구조에 익숙해질 수 있을 것으로 기대합니다. 물론 기존에 OOP 기반의 다른 언어들을 다루어본 경험이 있다면 훨씬 더 해당 과정을 단축할 수 있을 테고 말입니다.

"아는 사람은 좋아하는 사람만 못하고, 좋아하는 사람은 즐기는 사람만 못하다."

《논어(論語)》 옹야편(雍也篇)에 나오는 공자의 유명한 말입니다. 세간에 잘못 해석되고 있기도 하지만, 이 말의 속뜻은 지식을 쌓아가다 보면 처음에는 적당히 이해하는 수준을 넘어서 어느 샌가 좋아하게 되고, 그보다 더 깊이 알아가다 보면 종극에는 그것을 즐기게 된다라는 말입니다. 굳이 애써 좋아하려고 노력하지 않아도, 많이 사용하고 익숙해지다 보면 자연스레 좋아하고 즐기게 될 수 있다는 뜻이죠.

저는 많은 오브젝티브-C 개발자들 역시 부단한 이해의 과정을 통해 스위프트라는 언어를 좋아하게 되고, 또한 즐기게 되기를 바랍니다. 그리고 그 과정에서 이 책이 소중한 길잡이가 되어주기를 진심으로 기대합니다.

- 이재은 드림

· · · · ·

머리말

2014년 애플 세계 개발자 회의(WWDC, Worldwide Developers Conference)에서 애플이 스위프트를 처음으로 소개했을 때, 애플 플랫폼 개발자로 가득한 관객들은 충격 속에 고요해졌습니다. 스위프트는 기존의 오브젝티브-C, C++, C와 같은 언어와 달리 맥 개발 플랫폼을 위한 역사상 최초의 언어입니다. 스위프트는 처음부터 '애플에 의해, 애플을 위해' 만들어졌습니다.

애플은 새로운 언어 스위프트를 'C 언어가 사라진 오브젝티브-C'라고 설명했지만, 그것은 사실 정확한 표현은 아닙니다. 스위프트는 C 언어를 기반으로 한 오브젝티브-C의 단순화된 형태라기보다는 완전히 새로운 프로그래밍 언어이기 때문입니다.

역사

대다수의 애플 중심 개발자, 특히 iOS 플랫폼 개발자에게 스위프트라는 새로운 언어가 소개된 것은 엄청난 변화입니다. 오브젝티브-C는 지난 수년간 프로그래밍을 위해서 당연히 써야 할 언어였고, 때로는 마치 유일한 언어인 것처럼 여겨지기도 했습니다. 그러나 언제까지나 그러란 법은 없었죠.

오브젝티브-C는 1980년대부터 존재했지만, 1980년대 중반 스티브 잡스가 설립한 NeXT를 애플이 인수한 1996년에야 Mac OS 개발에 채택되었습니다. NeXT는 NeXTSTEP 운영체제의 기본 프로그래밍 언어로 오브젝티브-C를 선택했습니다. NeXTSTEP은 Mac OS X 개발에 지대한 영향을 미쳤고, 오브젝티브-C는 OS X 생태계에서 지배적인 언어로 자리잡게 되었습니다.

NeXT와의 합병 이전에는, 수많은 다른 프로그래밍 언어가 맥의 애플리케이션 개발에 활용되었습니다. 초기 맥 개발자들은 보통 앱 코딩에 Pascal을 사용했고, 애플은 나중에 Pascal의 객체지향 확장버전인 Object Pascal을 내놓았습니다.

Mac 하드웨어가 68K에서 PowerPC로 전환될 무렵, 애플은 C++을 수용하고 MacApp 프레임워크를 재정비할 기회를 얻었습니다. NeXT 인수 이전, Mac 애플리케이션은 대부분 C++로 만들어졌습니다. NeXTSTEP 운영체제와 오브젝티브-C 기반 프레임워크를 수용하여 Mac OS X의 기초를 다지는 일은 아주 힘난한 작업이었습니다. 개발자들이 제작한 애플리케이션을 오브젝티브-C로 다시 구현해야 했기 때문입니다.

고맙게도 애플은 오브젝티브-C 기반의 코코아(Cocoa) 프레임워크뿐만 아니라 C++ 기반의 카본(Carbon)이라는 프레임워크도 같이 내놓았습니다. 이로써 기존의 개발자들도 무리 없이 예전 방식의 Mac OS 애플리케이션을 들고 Mac OS X로 넘어갈 수 있는 길이 생긴 것이죠. 카본은 비록 몇 년 만에 사라졌지만, 그래도 상당 기간 존재했으므로 C++도 오브젝티브-C 이전뿐만 아니라 오브젝티브-C와 더불어 OS X를 개발하는 데 인기 있는 언어였다고 할 만합니다. 지금도 여전히 Xcode에서 C++을 사용할 수 있고, C++과 오브젝티브-C++를 함께 쓸 수도 있습니다. 그러니 스위프트가 오버로딩이나 제네릭처럼 여러 방면에서 C++의 '냄새'를 풍기는 것이 놀랄 일도 아니겠죠.

애플이 'C 언어가 사라진 오브젝티브-C'라는 표현은 썼지만, 스위프트는 분명 C 언어 계열의 프로그래밍 언어입니다. 그래서 C 언어와 C++, 자바 그리고 특히 오브젝티브-C에서 전향해온 개발자에게 상당히 친숙한 느낌을 줍니다.

이 책의 사용 방법

이 책은 새로운 프로그래밍 언어를 배우기 위한 정통 기술서가 아닙니다. 이 책은 기존의 오브젝티브-C를 쓰던 macOS나 iOS 애플리케이션 개발자가 자신의 기술을 새 언어로 이동하여 활용하도록 돕는 목적의 전환 안내서입니다.

학습 방법

먼저 오브젝티브-C 언어의 핵심구조를 살펴보고, 구문을 샅샅이 뜯어 보면서 스위프트와 오브젝티브-C가 어떻게 다른지 보여주는 것에서 시작합니다. 이 책은 두 언어로 된 짧은 코딩 예시를 비교해 오브젝티브-C의 구문이 어떻게 스위프트로 전환되는지 보여주는 데 초점을 맞출 것입니다. 나란히 배치된 두 언어의 코딩에는 표시가 붙어 있어서 오브젝티브-C 코드인지 스위프트 코드인지 쉽게 알아볼 수 있을 것입니다.

오브젝티브-C

```
[greetingMaker produceGreeting : ^ NSString * (NSString * format, NSString * name) {
    return [NSString stringWithFormat :format, name];
}];
```

스위프트

```
greetingMaker.produceGreeting({(format: NString, name: NSString) -> NSString in
    return NSString(format: format, name)
})
```

주제와 관련된 추가 정보가 담긴 참고사항도 확인할 수 있습니다.

참고

속성은 프로토콜에서 항상 var로 선언되어야 하며, 요구 조건을 만족하는 타입 안에서 그것들을 변수로 사용하지 않을 경우에도 반드시 변수로 선언해야 합니다. 프로토콜을 구현할 때에는 필요에 따라 속성을 상수로 재정의할 수 있습니다.

Xcode는 플레이그라운드(Playgrounds)라는 형태를 통하여 코드를 시험해 볼 수 있는 새로운 방법을 선보였습니다. 이 책의 예시는 여러분이 플레이그라운드에서 직접 코드를 입력하고 결과를 확인하고, 목적에 따라 수정할 수 있도록 만든 짧은 코드입니다. 예시 코드는 http://swift-translation.guide에서 다운로드할 수 있습니다.

학습 내용

이 책은 오브젝티브-C에서 쓰이는 기존의 구문, 구조, 패턴을 가지고 이것이 어떻게 스위프트로 전환되는지 보여줍니다. 코딩 중에 발생할 수 있는 잠재적인 함정을 짚어내고, 간과될 수도 있을 새 언어의 단점을 점검하고, 오브젝티브-C로는 불가능한 일을 하는 새로운 방법을 보여줄 것입니다.

이 책에서 독자는 애플의 파운데이션(Foundation), 코코아(Cocoa), 코코아터치(CocoaTouch) 프레임워크에 익숙한 사람들이라고 가정합니다. 이 프레임워크들은 프로그래밍 언어에 변경사항이 생기더라도 더 나은 환경에서 macOS와 iOS 애플리케이션을 개발할 수 있게 해줄 것입니다.

이 책을 쓰고 있는 지금도 스위프트는 빠르게 진화하고 있습니다. 코딩 샘플에 문제가 있다면 표준 라이브러리(bit.ly/apple-swift-docs) 온라인 문서를 찾아 프로그래밍 구문의 최신 사항을 확인해 주십시오(이 책은 감수를 통해 3.0버전 내용까지 반영했습니다).

스위프트의 세계에 오신 것을 환영합니다

스위프트 3.0을 사용한 iOS, macOS 앱 개발을 위해서는 최소한 Xcode 8이 컴퓨터에 설치되어 있어야 합니다. Xcode의 버전이 다르다면, 맥 앱스토어에서 업그레이드하거나 애플 개발자 센터(http://developer.apple.com)에서 다운로드해야 합니다.

스위프트의 목표

스위프트를 세상에 내놓으면서 애플은 이 새로운 언어를 위해 세 가지 목표를 세웠습니다. 안정적이고 더 현대적이며 강력해야 한다는 것입니다.

SAFE

스위프트는 프로그래밍의 개념을 새로 넣거나 과감히 빼서 오브젝티브-C보다 더 안정적인 언어를 만들기 위해 노력했습니다. 옵셔널 변수, 상수 참조, 수많은 문법 변경 사항이 추가되어 프로그래밍의 논리 오류의 범위를 축소했습니다. 그리고 포인터와 nil 객체에 메시지를 전송하는 기능이 삭제되었습니다.

MODERN

스위프트는 단언컨대 오브젝티브-C보다 훨씬 더 현대적인 언어입니다. 함수는 일급 객체 타입(first class type)으로 취급되고, 제네릭은 커스텀 콜렉션을 위한 더욱 확장된 기반을 제공하며, 타입 추론처럼 소소한 변화마저도 오브젝티브-C를 퇴물처럼 보이게 합니다. 구조체와 열거형도 비약적 발전을 거듭하여, C 언어에서 처음 등장했을 때의 촌스러움을 버리고 방대한 데이터 처리를 위한 클래스의 대안으로 자리 잡았습니다.

POWERFUL

애플은 오브젝티브-C나 다른 고급 언어들과 비교하며 스위프트 성능의 우월성을 강조했고, 이러한 자부심의 근거가 실제 테스트로 증명되고 있습니다. 스위프트의 강력한 기능과 문법을 이용해서 iOS와 macOS 개발자는 이전에 해온 것보다 더 많은 것을 구현할 수 있을 것입니다.

플레이그라운드

스위프트의 플레이그라운드는 Xcode에서 코드를 시험해 볼 수 있는 새로운 방법을 제공합니다. 플레이그라운드는 새로운 프로젝트를 생성하거나 기존 프로젝트를 더럽힐 걱정 없이 새로운 아이디어를 스위프트로 테스트해 볼 수 있는 상호작용 샌드박스 문서 형식(Interative sandbox document)입니다. 플레이그라운드에서 텍스트, 이미지, 게다가 복잡한 SpriteKit 애니메이션까지 실행해볼 수 있습니다.

REPL

스위프트의 REPL을 통해 명령어 입력창에서 인터렉티브 프로그래밍이 가능해졌습니다. Read-Eval-Print-Loop(REPL) 도구를 쓰면 명령어 입력창에서도 플레이그라운드와 비슷한 환경에 접근할 수 있습니다. 굳이 Xcode를 실행시키지 않고도, 구문이나 새로운 아이디어를 빠르게 테스트해볼 수 있습니다.

CONTENTS

감수자의 말_ 오브젝티브-C 유저들에게 단비가 될 책 -------------------- 5
머리말과 기본 소개 -- 8

1장 스위프트 프로젝트 만들기 21
스위프트 프로젝트 시작하기 -------------------------------------- 22
기본적인 변화 -- 24
   헤더 파일이여, 이젠 안녕! >>>>>>>>>>>>>>>>>>>>>>>>>>>>>>>>>>> 24
   메인 함수가 사라지다 >>>>>>>>>>>>>>>>>>>>>>>>>>>>>>>>>>>>>>> 25
   세미콜론? >>> 26
스위프트와 오브젝티브-C 함께 쓰기 ------------------------------- 27

2장 플레이그라운드와 스위프트 REPL 29
스위프트 플레이그라운드 --- 30
   플레이그라운드 둘러보기 >>>>>>>>>>>>>>>>>>>>>>>>>>>>>>>>>>>> 31
   플레이그라운드에서 할 수 있는 일 >>>>>>>>>>>>>>>>>>>>>>>>>>>> 37
   플레이그라운드 생성하기 >>>>>>>>>>>>>>>>>>>>>>>>>>>>>>>>>>>> 39
스위프트 REPL -- 40
   REPL 사용법 >>> 40
   가능성 >> 43
   한계 >> 44

3장 언어 기본 사항 47
데이터 타입 -- 48
   기본 타입 >>> 48
   문자열 >> 50
   함수 >> 51
   블록 >> 52
   튜플 >> 52
   클래스, 구조체, 열거형 >>>>>>>>>>>>>>>>>>>>>>>>>>>>>>>>>>>>> 53
   콜렉션 >> 54

변수 선언 -- 55
- VAR와 LET >>> 55
- 가변성 >> 57
- 타입 추론 >>> 58

문법 -- 61
- 세미콜론 >> 61
- @의 행방 >> 62
- 대괄호의 시대는 갔다 >>>>>>>>>>>>>>>>>>>>>>>>>>>>>>> 63
- 제어 블록 >>> 63
- 후기 전처리기 시대 >>>>>>>>>>>>>>>>>>>>>>>>>>>>>>>> 64
- 주석 >>> 66

연산자 -- 68
- 같은 것 >>> 68
- 다른 것 >>> 69
- 새로운 것 >>> 74

튜플 -- 80
- 튜플 생성과 사용 >>>>>>>>>>>>>>>>>>>>>>>>>>>>>>>>>> 80
- 튜플 재사용 >>>>>>>>>>>>>>>>>>>>>>>>>>>>>>>>>>>>>> 82

4장 제어 구조 83

전반적인 변경 사항 --- 84
- 소괄호는 선택 사항 >>>>>>>>>>>>>>>>>>>>>>>>>>>>>>> 84
- 중괄호는 필수 >>>>>>>>>>>>>>>>>>>>>>>>>>>>>>>>>>>> 85
- 부울 조건부 >>>>>>>>>>>>>>>>>>>>>>>>>>>>>>>>>>>>>> 86

반복문 -- 88
- FOR-IN문 >>> 88
- WHILE문과 REPEAT-WHILE문 >>>>>>>>>>>>>>>>>>>>>>>>> 90

조건문 -- 91
- IF문 >> 91
- GUARD문 >>> 91
- SWITCH문 >> 92

정수, 그 너머의 세계로! ----------------------------------- 94
- 문자열 >> 94
- 열거형 >> 95
- 범위 >> 96
- 패턴 일치 >>>>>>>>>>>>>>>>>>>>>>>>>>>>>>>>>>>>>>> 97
- 안전성 >>> 104

5장 옵셔널 ... 107
옵셔널이 왜 필요할까? ... 108
옵셔널 선언 ... 109
옵셔널 사용하기 ... 109
추출 ... 110
옵셔널 바인딩 ... 112
암시적 추출 ... 113
옵셔널 체이닝 ... 114
몇 가지 조심할 점 ... 116
NIL 병합 연산자 ... 116
추출이 필요 없는 경우 ... 117

6장 함수 ... 119
함수 호출 ... 120
함수 정의 ... 122
파라미터 명명 ... 122
디폴트 파라미터 값 ... 125
반환 값 ... 127
함수 파라미터 수정 ... 128
입출력 파라미터 ... 130
가변 개수 파라미터 ... 131
함수 범위 ... 134
전역 범위 ... 134
메소드 범위 ... 135
중첩 함수 ... 135
함수 사용 ... 136
함수 타입 ... 137
함수를 파라미터 값으로 사용 ... 139
함수를 반환 값으로 사용 ... 140

7장 블록과 클로저 ... 143
클로저 정의 ... 144
정의 생성 ... 144
블록을 변수로 할당 ... 145
함수 파라미터로 받기 ... 147
타입 별칭 생성 ... 148
클로저 실행 ... 149

클로저 최적화 -- 150
    암시적 반환 >> 150
    타입 추론 >>>151
    단축 인자 이름들 >>>>>>>>>>>>>>>>>>>>>>>>>>>>>>>>>>>>>151
    후행 클로저 구문 >>>>>>>>>>>>>>>>>>>>>>>>>>>>>>>>>>>> 152
    연산자 함수 >>> 152
값 캡처링 -- 154

8장 문자열 157

문자열 구성 -- 158
문자열 조작 --160
    문자열 값 검토 >> 160
    문자열 비교 >>> 163
    문자열 콘텐츠 수정 >>>>>>>>>>>>>>>>>>>>>>>>>>>>>>>>>>> 165
NSString과 상호작용하기 ---168
    부분 문자열 >> 168
    변환 >>> 169
    경로 수정과 URL 메소드 >>>>>>>>>>>>>>>>>>>>>>>>>>>>>>> 169
    명시적 NSString 생성 >>>>>>>>>>>>>>>>>>>>>>>>>>>>>>>>> 170
유니코드-- 171

9장 클래스 175

클래스 정의-- 176
메소드 -- 177
속성 -- 178
    저장 속성 >>> 179
    읽기전용 속성 >> 186
    self 키워드에 대한 고찰>>>>>>>>>>>>>>>>>>>>>>>>>>>>>>> 187
이니셜라이저 -- 188
    이니셜라이저 생성>>>>>>>>>>>>>>>>>>>>>>>>>>>>>>>>>>>> 189
    편의 이니셜라이저와 지정 이니셜라이저 사용 >>>>>>>>>>>>>>> 190
    디이니셜라이징 >>>>>>>>>>>>>>>>>>>>>>>>>>>>>>>>>>>>>> 192
상속 -- 193
    메소드 재정의 >>>>>>>>>>>>>>>>>>>>>>>>>>>>>>>>>>>>>>> 194
    상위클래스 호출 >>>>>>>>>>>>>>>>>>>>>>>>>>>>>>>>>>>>> 195

접근 제어 -- 195
　　Private >>> 196
　　fileprivate >>>>>>>>>>>>>>>>>>>>>>>>>>>>>>>>>>>>> 197
　　Internal >> 198
　　Public >> 198
　　Open >> 198
서브스크립트 지정 -- 199

10장 구조체와 열거형 203

구조체 -- 204
　　구조체 정의 >>>>>>>>>>>>>>>>>>>>>>>>>>>>>>>>>>>> 204
　　구조체 수정 >>>>>>>>>>>>>>>>>>>>>>>>>>>>>>>>>>>> 208
열거형 -- 211
　　열거형 생성 >>>>>>>>>>>>>>>>>>>>>>>>>>>>>>>>>>>> 211
　　열거형 사용 >>>>>>>>>>>>>>>>>>>>>>>>>>>>>>>>>>>> 212
　　관련 값 >>> 216
　　메소드와 계산 속성 >>>>>>>>>>>>>>>>>>>>>>>>>>>>> 218
중첩 유형 --- 219

11장 메모리 관리 223

스위프트 메모리 관리 -- 224
약한 참조와 미소유 참조를 사용하는 경우 -------------------------- 226
클로저 -- 228

12장 콜렉션 231

전반적인 비교 --- 232
배열 -- 233
　　배열 생성 >>>>>>>>>>>>>>>>>>>>>>>>>>>>>>>>>>>>>> 234
　　배열 콘텐츠 읽어오기 >>>>>>>>>>>>>>>>>>>>>>>>>> 235
　　배열 조작 >>>>>>>>>>>>>>>>>>>>>>>>>>>>>>>>>>>>>> 237
딕셔너리 -- 243
　　딕셔너리 생성 >>>>>>>>>>>>>>>>>>>>>>>>>>>>>>>>> 243
　　딕셔너리로부터 읽어오기 >>>>>>>>>>>>>>>>>>>>>>> 244
딕셔너리 조작 --- 246
　　객체 추가 및 교체 >>>>>>>>>>>>>>>>>>>>>>>>>>>>> 246
객체 삭제 --- 247
가변성 -- 248

13장 프로토콜, 익스텐션, 제네릭 ... 251

프로토콜 ... 252
- 프로토콜 생성 ... 252
- 프로토콜 요구 조건 만족 ... 256

익스텐션 ... 258

제네릭 ... 259
- 제네릭 함수 ... 260
- 제네릭 타입 ... 260

14장 서로 가지지 못한 것들 ... 265

오브젝티브-C에서만 가능한 기능 ... 266
- KVO ... 266
- 리플렉션 ... 267
- 다이나믹 디스패치 ... 268

스위프트에서 새롭게 선보이는 기능 ... 269
- 네임스페이스 ... 269
- 사용자 지정 연산자 ... 270
- FILTER, MAP, REDUCE ... 272

15장 오브젝티브-C와 상호작용하기 ... 277

오브젝티브-C에 스위프트 도입하기 ... 278
- 스위프트 파일 추가하기 ... 278

오브젝티브-C에서 스위프트 코드 이용하기 ... 280

스위프트에서 오브젝티브-C 코드 이용하기 ... 283
- 오브젝티브-C 파일 추가 ... 283
- 문법 변화 ... 284
- 타입 변화 ... 285

프레임워크 ... 286

1장
스위프트 프로젝트 만들기

여러분이 iOS나 macOS 개발자라면 스위프트 프로그래밍을 쉽게 시작할 수 있습니다. 스위프트 툴체인(Toolchain) 전체가 이미 Xcode에서 제공되고, 스위프트 REPL과 플레이그라운드라는 강력한 도구까지 제공되니까요. 스위프트 프로젝트를 만들어 볼까요?

스위프트 프로젝트 시작하기

첫 번째 스위프트 프로젝트를 만들어 봅니다.

① 새 프로젝트 생성하기 : 메인 메뉴에서 [File]-[New]-[Project]를 선택합니다.

② 원하는 템플릿 선택하기 : Xcode는 템플릿 선택창에서 iOS나 macOS 타입 중 원하는 것을 선택할 수 있습니다. 싱글뷰 iOS 애플리케이션을 선택하고 다음 단계로 갑니다.

③ 템플릿 옵션 선택하기 : 생성할 프로젝트의 이름과 옵션을 선택합니다. 최신 Xcode 9에서 [Choose options for your new project] 대화창은 Xcode 이전 버전과 거의 비슷합니다. 디바이스 선택부분을 제외하면 말이죠. 이는 굳이 디바이스를 나눠서 제작하는 것이 무의미해졌기 때문으로 해석될 수 있습니다(그림 1.1 참고).

그림 1.1 템플릿 옵션 선택창

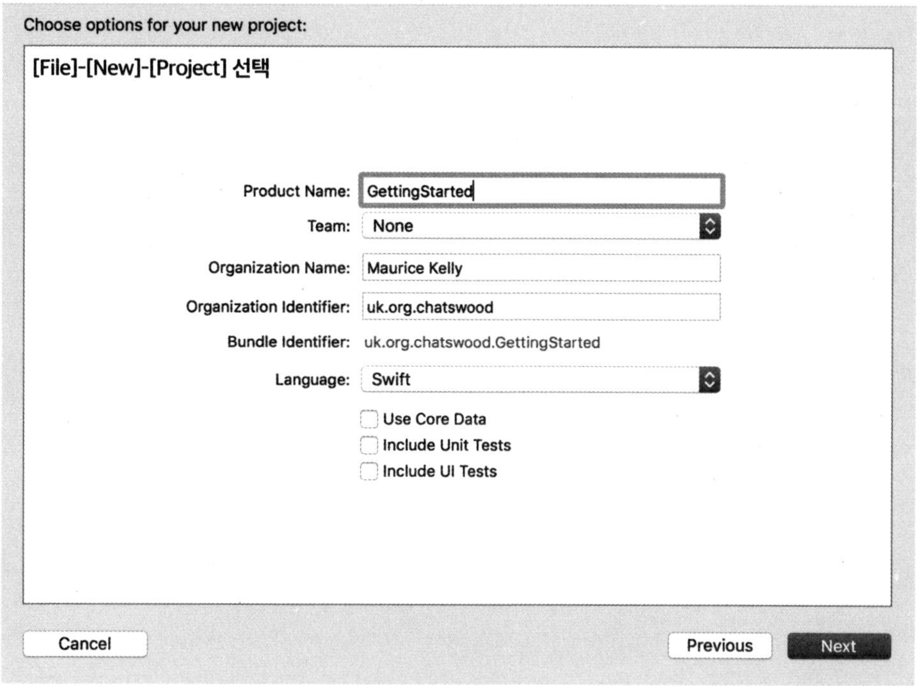

```
Choose options for your new project:

[File]-[New]-[Project] 선택


              Product Name: GettingStarted
                      Team: None
         Organization Name: Maurice Kelly
    Organization Identifier: uk.org.chatswood
          Bundle Identifier: uk.org.chatswood.GettingStarted
                  Language: Swift
                            ☐ Use Core Data
                            ☐ Include Unit Tests
                            ☐ Include UI Tests


Cancel                                          Previous    Next
```

• 언어 선택하기 : Language 메뉴는 스위프트 프로젝트를 생성하기 위해 가장 중요한 부분이죠. Language 메뉴를 클릭하면 스위프트와 오브젝티브-C 두 개의 선택 항목이 나옵니다. 스위프트를 선택하고 기타 항목을 채워 넣습니다.

[Next] 버튼을 누릅니다. 우리가 늘 하던 대로 프로젝트가 만들어집니다. 필요한 건 다 했네요. 그럼 다음 단계로 가보죠.

기본적인 변화

새로 생성한 프로젝트는 언뜻 보면 오브젝티브-C에서 생성한 프로젝트와 유사합니다. 하지만 프로젝트 네비게이터(그림 1.2)의 폴더 구조를 자세히 보면 스위프트와 오브젝티브-C 사이의 근본적인 차이를 알 수 있습니다.

그림 1.2 좀 더 투명해진 프로젝트 네비게이터

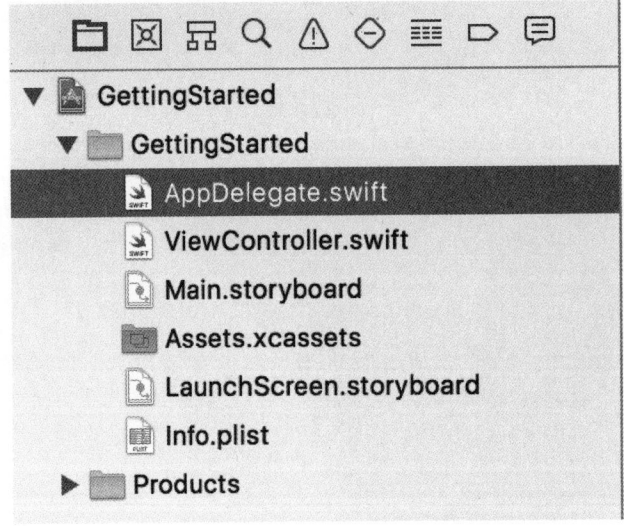

헤더 파일이여, 이젠 안녕!

첫 번째 차이점은 바로 헤더 파일이 없다는 점입니다. 스위프트의 각 컴파일 단위는 '.swift' 확장자가 달린 개별 파일로 구성됩니다. 컴파일 단위로 클래스가 많이 사용된다 하더라도, 독립형 함수(stand-alone function), 구조체, 열거형 등을 포함한 '.swift' 파일도 유효합니다.

헤더 파일 없이 어떻게 클래스에 사용할 다른 데이터 타입이나 클래스를 임포트할까요? 스위프트는 같은 모듈 안에서 정의된 것에 접근하기 위해서 import 명령문이 필요하지 않습니다. 새 프로젝트를 생성하면 앱이 Xcode 타깃과 같은 이름의 모듈 안에 만들어집니다. 프로젝트 안에 다수의 타깃이 있더라도, 가령 앱 타깃과 테스트 타깃이 있는 경우, 다음과 같이 타깃명을 지정해서 그저 모듈만 임포트하면 됩니다.

스위프트

```
import TargetName
```

메인 함수가 사라지다

Xcode의 기본 템플릿에서 헤더 파일만 사라진 것이 아닙니다. main.m도 없어졌습니다. 오브젝티브-C에서는 main.m 파일 안에 든 main() 함수가 모든 C 언어 기반의 애플리케이션의 엔트리 포인트(entry point) 역할을 합니다. 스위프트에서는 main() 함수를 실행시킬 필요는 없이, 메인 함수가 수행하던 기능은 그대로 유지되는 셈이죠.

main.m과 동등한 파일인 main.swift를 생성하는 것도 가능하지만, 스위프트에서는 굳이 그럴 필요 없이 main() 함수 따위의 관용적 코드 작성을 피할 수 있습니다. [그림 1.2]의 예시 프로젝트를 다시 보면, AppDelegate.swift 파일은 AppDelegate 클래스 선언 위에 아래의 코드를 포함합니다.

스위프트

```
@UIApplicationMain
```

이러한 속성 키워드는 스위프트 컴파일러에 다음에 오는 클래스가 애플리케이션 델리게이트로 사용하기 적합하다고 알려줍니다. 안타깝지만 UIApplication의 커스텀 서브클래스를 생성해야 하는 경우에는 이런 편리한 기능을 사용할 수 없고, 대신 UIApplicationMain을 호출하는 예전 방식을 써야 합니다. macOS 프로젝트에는 @NSApplicationMain이라는 비슷한 속성이 있는데, 이것도 NSApplicationDelegate의 서브클래스 위에 위치합니다.

스위프트는 선언과 타입에 적용할 수 있는 이러한 속성(attribute)을 여럿 선보였습니다. 가장 주목할 만한 두 가지 속성(attribute)으로 @IBAction와 @IBOutlet을 들 수 있습니다. 오브젝티브-C 코드에서 Interface Builder에 노출하기 위한 아웃렛 속성(attribute)과 액션 메소드의 해당 정의를 대체합니다. 나머지는 다음 장에서 더 자세히 살펴보겠습니다.

세미콜론?

Xcode에서 생성된 스위프트 파일의 어떤 템플릿 코드를 살펴봐도 세미콜론으로 끝나는 문장은 없다는 것을 알 수 있습니다. 이것은 템플릿 오류가 아니라, 명령문 끝에 세미콜론을 쓰는 것이 이제 선택사항이기 때문입니다. 세미콜론이 필수사항은 아니더라도 여전히 스위프트에서 몇 가지 쓰임새는 있다는 사실을 명심하세요.

▶ 하나의 행에 둘 또는 그 이상의 명령문을 넣을 경우(개인 취향), 명령문을 구분하기 위해 세미콜론을 사용합니다.

▶ 세미콜론에 집착하는 변태들과 함께 일하고 있다면, 이 사람들이 세미콜론을 계속 쓰라고 강요할 수도 있습니다. 다른 직장을 구하세요.

스위프트와 오브젝티브-C 함께 쓰기

스위프트에 익숙해진다는 것은 여러분이 지금까지 알고 있던 것들을 상당 부분 바꿔야 하는 힘든 일일 수도 있습니다. 아무리 베테랑 개발자라도 공포의 마감은 점점 다가오는데 한창 진행 중에 막혀버린 스위프트 프로젝트를 한 방에 해결할 수는 없을 것입니다.

다행히 스위프트나 오브젝티브-C냐 양자택일을 할 필요는 없습니다. 애플은 스위프트와 오브젝티브-C를 잘 섞어서 쓰는 것이 앞으로 개발자들에게 필요한 기술이라고 말합니다.

스위프트를 오브젝티브-C 프로젝트에 통합하는 방법이나 오브젝티브-C 코드를 새 스위프트 프로젝트에서 다시 사용하는 방법이 궁금하다면 15장을 참고하세요.

마무리

1장에서는 새 스위프트 프로젝트를 만드는 방법과 스위프트와 오브젝티브-C의 기본적인 차이점 몇 가지를 설명했습니다. 다음 장에서는 코드 테스트에서 가장 번거로운 일이기도 한 [File]-[New]-[Project] 단계를 거치지 않고 스위프트로 직행할 수 있는 방법을 알아 봅니다.

2장
플레이그라운드와 스위프트 REPL

소프트웨어 개발에서 가장 어려운 일이 바로 첫 번째 고비를 잘 넘기는 것입니다. 프로그래밍 초보자가 오브젝티브-C나 스위프트를 배우는 것은 큰 도전일 수 있습니다. 새 프로젝트나 워크스페이스를 만들 때, 갈피를 잡을 수 없이 정렬된 많은 템플릿 옵션들을 보면 반감마저 생깁니다.

경험 많은 iOS나 macOS 개발자라 해도, 새로운 아이디어를 시도한다는 것이 쉽지만은 않습니다. 프로젝트 타입을 선택해야 하고(가장 까다로운 부분이지 않나요? 저만 그렇게 느끼나요?), 코드 실행을 위해서 매일 똑같은 '빌드-앤-런(Build & Run)' 버튼을 클릭해서 다람쥐 쳇바퀴 돌듯 프로그램을 돌려봐야 합니다. 아이디어가 괜찮은 것 같다 할지라도, 템플릿은 제대로 선택한 것인지, 아니면 다시 전 단계로 되돌아가서 새 프로젝트를 만들고 코드를 복사해서 다시 붙여야 할지 고민할 수도 있겠죠.

애플은 스위프트에서 두 가지 새로운 도구를 선보였습니다. 하나는 REPL로, 특히 스크립트 언어에서 쓰던 오래된 방식인데, 상호작용적 프로그래밍이 가능한 Read-Eval-Print-Loop라는 이름의 개발환경입니다. 다른 하나는 스위프트 플레이그라운드라는 것으로, 언어를 배우거나 코딩하는 데 혼란을 최소화할 수 있는 아주 편리하고도 독창적인 개발환경인데요, 바로 들어가 보겠습니다.

스위프트 플레이그라운드

애플은 스위프트 플레이그라운드를 최대한 간단하게 만들기 위해 노력했습니다. 우선 Xcode 시작화면에서 'Get started with a playground'를 선택하거나, Xcode의 메인 메뉴에서 [File]-[New]-[Playground]를 선택합니다(단축키: ⟨Command⟩-⟨Option⟩-⟨Shift⟩-⟨N⟩). 여기서 플랫폼을 iOS, tvOS, macOS 중에서 선택할 수 있을 뿐만 아니라 빈 화면(Blank), 게임, 맵, 싱글 뷰 등의 템플릿을 선택할 수도 있습니다(그림 2.1). 이상적 환경이라면 코딩을 시작하기 전에 어떤 의사결정도 할 필요가 없겠지만, 이것도 Xcode의 프로젝트나 작업환경에서는 상당히 개선된 것이죠.

그림 2.1 플레이그라운드 생성 옵션

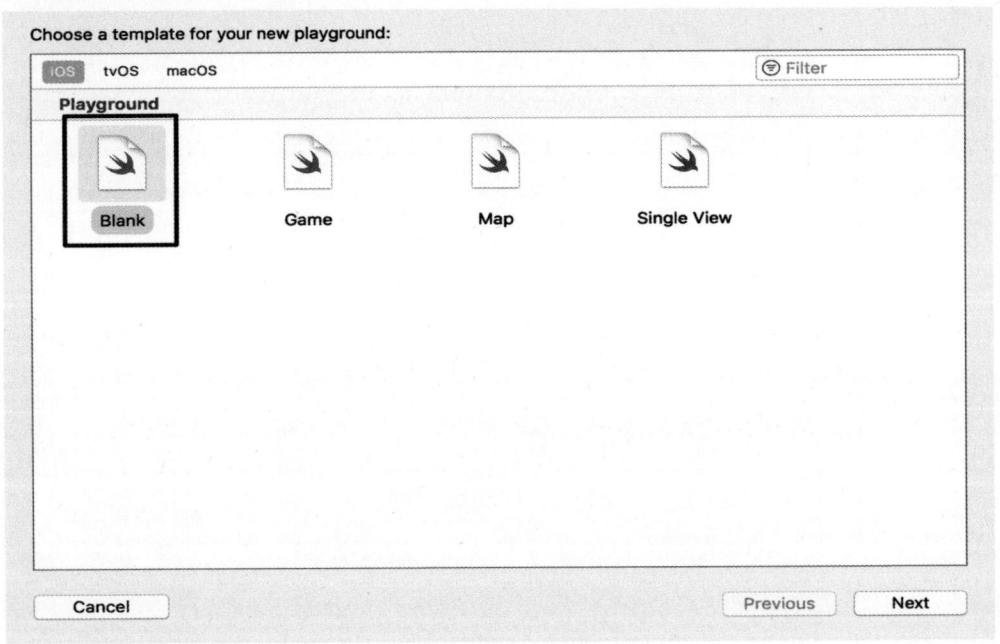

플레이그라운드 이름과 플랫폼 옵션을 설정한 다음에는(다음 단계로 따라 하려면 플랫폼에서는 iOS를, 템플릿 중에서는 Blank를 선택하세요), [Next] 버튼을 눌러 여러분의 플레이그라운드 파일을 저장할 위치를 지정합니다. [Create]를 클릭하면 플레이그라운드 편집기가 샘플 코드와 함께 여러분을 반길 것입니다. 플레이그라운드에 오신 것을 환영합니다!

플레이그라운드 둘러보기

플레이그라운드도 다른 대부분의 Xcode 편집기 창과 비슷하지만, 커스텀뷰는 다릅니다(그림 2.2). 툴바, 네비게이터 영역, 디버그 영역, 유틸리티 영역이 사라진 것이 눈에 띌 것입니다. 그 이유는 간단합니다. 여러분의 기본적인 작업 환경은 소스 편집기이기 때문에 플레이그라운드에서 작업할 때 이런 화면들은 필요가 없습니다.

그림 2.2 플레이그라운드 시작 화면

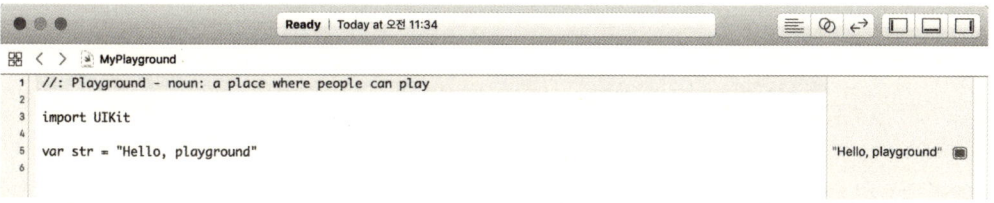

소스 편집기는 Xcode 프로젝트에서 보통 사용하던 것과 거의 같지만, 한 가지 중요한 다른 점이 있습니다. 편집기 오른쪽의 얇은 색으로 된 사이드바입니다. 바로 이 사이드바 덕에 플레이그라운드가 상호작용적인 프로그램 개발환경인 것이죠.

그림 2.3 Xcode의 구문 오류 표시

결과 사이드바

iOS 플레이그라운드를 열면 코드가 단 두 줄 보입니다. 첫 줄에는 UIKit를 활성화하는 import 명령문이 있고, 둘째 줄에서는 문자열 변수를 정의합니다(벌써부터 코드나 구문에 대해서 걱정하지 마세요. 스위프트와 오브젝티브-C 사이의 차이점에 대해서는 차차 살펴봅니다). 문자열 변수에는 'Hello, playground'라는 문장이 들어있습니다. "Hello, world!"라는 클래식한 표현의 변형이랄까요?

흥미로운 사실은 결과 사이드바에도 "Hello, playground"라는 문장이 들어있습니다. 마치 마술을 부리듯 보이지 않는 로그 명령문을 삽입하고, 컴파일하고, 코드를 실행한 것처럼 말이죠. 이것은 사실 마술이 아닙니다. 그저 플레이그라운드의 작동방식일 뿐이죠.

소스 편집기에서 코드를 삽입하고 삭제하고 변경하기만 하면, Xcode가 고맙게도 도중의 키 변수 값을 출력해주면서 계속해서 변경사항을 컴파일하고 코드를 실행합니다. 어떻게 변수를 고칠 때마다 번번이 NSLog 명령문을 쓰면서 골치 아픈 코드를 이렇게 원시적으로 디버그하겠어요? 이제 Xcode가 이것을 대신 해줍니다!

문자열 선언을 다음과 같이 변경하고 확인하세요.

스위프트

```
var str = "Hello, Swift"
```

결과 사이드바는 소스 코드의 변경사항을 감지하고 "Hello, Swift."라고 업데이트해 줍니다. 이제 바보 같은 짓을 좀 해보죠. 문장 맨 끝의 닫는 따옴표를 지워봅시다. 그러면 Xcode는 이 변경사항을 감지하고 소스 편집기의 가장자리에 빨간색 느낌표를

표시해서 경고합니다. 느낌표를 클릭하면 에러 메시지창이 확장되면서 무엇이 잘못
되었는지 알려줍니다(그림 2.3). 사이드바의 이전 결과도 문제 부분이 약간 어둡게 표
시됩니다.

다시 닫는 따옴표를 치면 다시 먼저와 같은 화면이 됩니다. Xcode도 스위프트의 플
레이그라운드처럼 흔히 발생하는 에러에 대한 수정 옵션이 있습니다.

Xcode도 코드가 변하면 즉시 반응하며 NSLog처럼 지속적으로 결과 사이드바를 업
데이트하지만, 스위프트의 사이드바는 특히 이렇게 전단계로 다시 되돌아가 이전의
명령문을 수정해야 할 때 그 진가를 발휘합니다. 예를 들어, 다음의 문자열 할당 명령
문을 재배치합니다.

스위프트

```
var name = "Objective-C"
var str = "Hello, " + name
```

그림 2.4 Quick Look 팝오버창

결과 사이드바는 "Hello, Objective-C"라는 접합 연산의 결과와 함께 각 단계에서의
name 변수와 str 변수의 값을 보여줍니다. 이 문구는 우리가 쓰고 싶었던 문구가 아
니기 때문에, 여러분은 아마도 두 명령문 사이에 수정할 명령문을 끼워 넣어 name
값을 바꾸고 싶을 것입니다.

스위프트

```
var name = "Objective-C"
name = "Swift"
var str = "Hello, " + name
```

결과 사이드바는 name을 다시 정의한 값과 변경된 입력을 반영하는 접합 연산의 출력 값을 업데이트해서 보여줍니다. 이것은 정말 강력한 기능입니다. 코딩과 실행을 반복하며 시간을 잡아먹지도 않으면서 시각적으로 복잡한 논리식을 전개할 수도 있고, 디버거에서도 코드를 한줄 한줄 순차적 방식을 따르지 않고 기존의 코드를 디버그할 수도 있으니까요.

Quick Look

여러분은 이제 겨우 플레이그라운드의 저력을 맛만 보았을 뿐입니다. 결과 사이드바에서 변수 값을 본다는 것도 훌륭하지만, 단순한 텍스트 이상을 볼 수 있다면 더 좋겠지요. 마우스 포인터를 사이드바의 코딩 위로 움직이면, 실행문이 밝게 표시되면서 눈 모양의 Quick Look 버튼이 나타납니다. 앞의 예시의 마지막 실행문에 마우스를 올리고 Quick Look 버튼을 클릭하면 팝오버 창이 나오면서 자세한 내용을 보여줍니다. 보통 문장 뒷부분이 화면에서 잘려버리는 긴 문자열을 봐야 할 때 정말 편리하죠.

길고 긴 문장은 금세 지겨워지지만, Quick Look 기능은 콜렉션이나 정지 이미지, 또 UI 엘리먼트와 같은 요소들을 비롯해 수많은 데이터 타입을 화면에 보여주면서 여러분의 흥미를 계속 끌어당길 것입니다. 다음 코드를 입력하여 UIView를 생성하고 그 내용을 조작해봅시다.

스위프트

```
let parentView = UIView(frame: CGRect(x: 0, y: 0, width: 200, height: 100))
```

```
parentView.backgroundColor = UIColor.red

let childView = UIView(frame: CGRect(x: 0, y: 0, width: 160, height: 60))
childView.backgroundColor = UIColor.white

parentView.addSubview(childView)
childView.center = parentView.center

let label = UILabel(frame: CGRect(x: 0, y: 0, width: 160, height: 60))
label.textAlignment = NSTextAlignment.center
label.text = "Swift!"

childView.addSubview(label)

parentView
```

그림 2.5 코드로 생성된 UIView의 Quick Look 미리보기

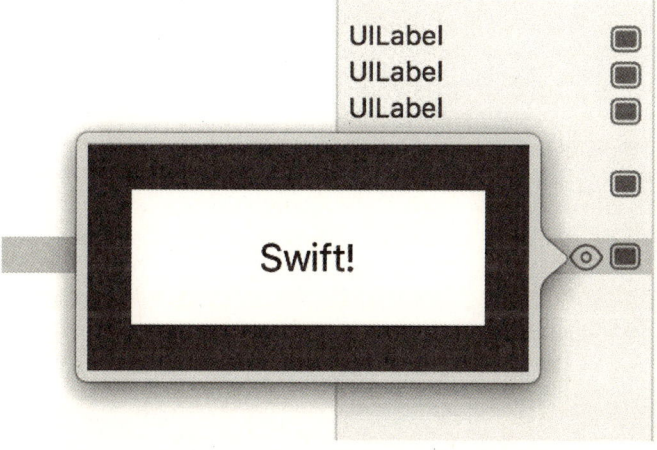

parentView 명령문에 해당하는 행의 Quick Look 버튼을 클릭하면 [그림 2.5]와 같은 화면이 보입니다. 이것은 사용자 정의 UI 엘리먼트를 디자인할 수 있도록 하며, 시뮬레이터에서 테스트 애플리케이션을 실행시키느라 소중한 시간을 낭비하지 않게 해줍니다.

타임 라인

Quick Look 버튼을 클릭해서 변수 값의 미리보기가 가능했지만, 변수가 시간에 따라 어떻게 변하는지 알고 싶다면 어떻게 해야 할까요? 다시 말하지만, Xcode는 플레이그라운드의 타임라인 기능으로 이 문제를 해결해줍니다. 소스 편집기에 아래의 코드를 입력합니다.

스위프트

```
var sum = 0
for i in 1...10 {
    sum += i
}
```

결과 사이드바는 sum+=i가 포함된 행이 10번 실행되었으며, 그 결과가 단순한 값으로 표시될 수 없음을 표시해줍니다. 마우스 포인터를 사이드바 위로 가져가면 Quick Look 버튼과 둥근 모양의 Value History 버튼이 오른쪽에 나옵니다.

이 타임라인 아이콘을 클릭하면 Assistant Editor가 나타나고 선택한 표현식의 타임라인 뷰가 보입니다

그림 2.6 ((sum += i)) 표현식의 타임라인 보기

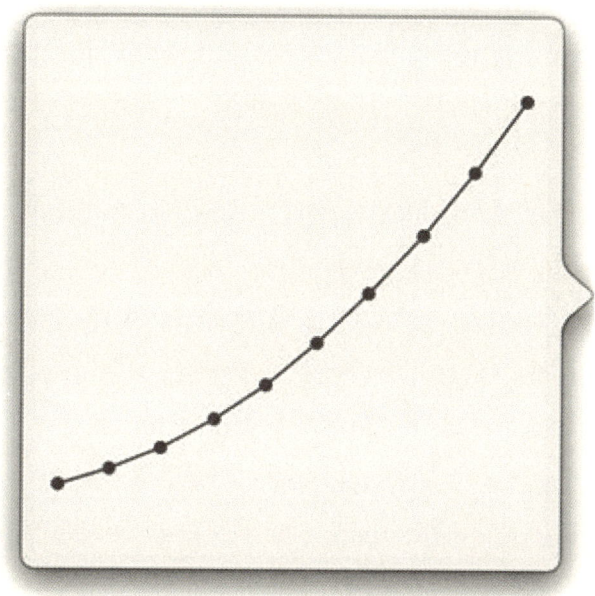

타임라인 뷰에는 표현식 결과 값의 그래프가 시간에 따라 그려져 있습니다. 각 데이터 점을 클릭하면 팝오버 창이 나타나고, 그 지점에서의 변수 값을 표시해줍니다.

Assistant Editor는 기존에 디버깅 로그를 볼 수 있었던 콘솔 출력 창(console output view)의 역할도 합니다. 여러분의 코드나 프레임워크 또는 서드파티 라이브러리에 의해 콘솔에 출력되는 어떠한 텍스트라도 Assistant Editor에 보여집니다.

플레이그라운드에서 할 수 있는 일

플레이그라운드는 단일 스위프트 소스 파일을 효과적으로 조작할 수 있는 최고의 개발환경입니다. 함수, 클래스, 구조체를 생성하고 사용할 수 있고, iOS와 macOS 프레임워크를 풀 액세스해서 코딩하는 것 이상의 상호작용이 가능합니다.

플레이그라운드는 앱 개발을 위한 최고의 연습장입니다. 플레이그라운드는 앱 개발 아이디어의 혼란을 최소화하며 시작할 수 있습니다. 기존의 프로젝트에 새 기술을 시도해보기 위해서 기존의 코드를 바꾸지 않고도 아이디어를 실행시키는 것이 가능합니다.

애플이 스위프트 발표에서 보여준 최고의 예제는 SceneKit을 사용한 것인데, SceneKit는 iOS와 macOS 애니메이션 프레임워크로 게임이나 그래픽 비중이 높은 애플리케이션들에서 사용될 수 있습니다. 놀랍게도 SceneKit은 플레이그라운드에서 직접 사용이 가능합니다. 게다가 라이브 앱에서 사용되는 충돌 체크와 같은 특수 기능을 이용해 Quick Look 팝오버창과 Assistant Editor에서 실제로 동작하는 SceneKit 코드를 만들어낼 수 있습니다. Apple WWDC에서 소개된 Balloons 라는 이름의 데모는 애플 개발자 사이트 https://developer.apple.com/swift/blog/downloads/Balloons.zip에서 플레이그라운드 파일로 내려 받을 수 있습니다.

플레이그라운드는 현재 개발 중인 코드나 예전에 개발한 코드에 문제가 발생했을 때 디버그하는 새롭고도 훌륭한 방법입니다. 이전 Xcode 디버거에서는, 코드 디버깅을 순차적 경로로만 할 수 있었습니다. 하지만 스위프트에서는, 메소드나 함수에 전달된 값을 빠르게 수정하고 결과 사이드바에서 그 변화된 결과를 업데이트해서 보여주며, 단순히 변경사항뿐만 아니라 중간 단계까지 확인할 수 있습니다. 또, 반복문에서 함수를 호출해 타임라인에서 함수변화의 결과 값이 어떻게 변하는가를 변하는 값에 따라 도표로 보여줍니다.

제한점도 있습니다. 보안의 관점에서, 시스템 호출을 완전하게 사용할 수도 없고, 새로운 UI 제어와 레이아웃의 미세한 조정을 코드로 할 수 있어도, 전체적인 상호작용은 불가능합니다. 버튼 클릭, 스크롤뷰 스크롤, 텍스트 필드 입력 등은 할 수 없습니다.

플레이그라운드 생성하기

기대되는 스위프트의 활약상으로 학습적 측면을 들고 싶습니다. 프로그래밍을 처음 접하는 사람도 플레이그라운드를 열어 쉽게 스위프트 코드를 입력할 수 있어서, 스위프트는 물론 프로그래밍 전반에서 진입 장벽을 현격히 낮출 수 있을 것입니다.

애플은 이미 상호작용 문서를 활용해 이러한 잠재성을 어느 정도 보여준 바 있습니다. 많은 스위프트 API를 위한 문서가 이제 임베디드 플레이그라운드를 포함합니다. 사람들은 거의 사용해보지 못했던 매우 놀랍고도 효과적인 방식으로 문서와 상호작용할 수 있으며, 이로 인해 놀라운 교육환경을 만들 수 있습니다. 컴퓨터를 가르치는 강사는 삽입된 코드 한 토막을 수업 자료로 포함하는 플레이그라운드를 학생들에게 제공하고 학생은 이 수업자료와 상호작용하며 학습할 수 있습니다.

지금까지 애플은 서드파티 쪽에 어떤 방식의 문서를 만들어야 할지에 대한 명확한 길을 제시하지 않아 왔지만, 늘 그렇듯 애플 개발자 집단 스스로 행동에 나서고 자신의 길을 찾아간 셈입니다.

NodeJS에 익숙한 사람이라면, 명령 줄 도구를 제공하는 서드 파티 Node 모듈을 설치해도 됩니다. 임베디드 스위프트 코드 블록이 포함된 마크다운 문서를 공급받았을 때, 이 도구는 수정할 수 있는 코드 블록이 들어있는 깔끔한 포맷의 텍스트가 포함된 플레이그라운드 파일을 만들 수 있습니다. 자세한 내용을 확인하려면, https://github.com/jas/swift-playground-builder에서 프로젝트 홈페이지를 보십시오.

스위프트 REPL

스위프트 REPL은 플레이그라운드와는 또 다른 방식의 상호작용 프로그래밍 환경이지만 겉모습은 다소 심심합니다. 기본 전제는 명령줄 프로그램이 사용자의 입력문을 '읽고', 입력 값을 '평가'하고, 결과를 '출력'하고, 입력을 더 받기 위해 '반복문을 실행'하는 것입니다.

파이썬(Python)이나 루비(Ruby)와 같은 언어를 사용한 경험이 있다면, 명령줄 자체가 쉘 역할을 하는 REPL의 환경이 익숙할 것입니다. date와 같은 간단한 쉘 명령어를 입력하면, 쉘은 입력문을 읽고, 평가하고, 날짜를 출력하고, 다음 명령을 받기 위해 반복문을 돌립니다.

Xcode의 LLDB 콘솔 디버거는 다른 종류의 REPL인 것입니다. REPL은 어디에나 있답니다! REPL의 복제품일 뿐이지만요!

REPL 사용법

스위프트 REPL은 macOS Terminal 애플리케이션에서 사용할 수 있습니다. 쉘 프롬프트(shell prompt)에서 **xcrun swift** 또는 그냥 **swift**를 입력하고 리턴 키를 눌러 명령을 실행합니다. 그러면 아래와 같이 출력됩니다.

스위프트

```
Welcome to Swift!Type :help for assistance.
  1>
```

REPL 프롬프트를 찾을 수 없다면, 컴퓨터에 설치된 Xcode 버전이 다르기 때문일 수 있습니다. 명령줄에 **xcode-select -p**라고 입력하면 Xcode의 현재 버전을 확인할 수 있습니다. 그러면 Xcode 안의 실행파일을 찾기 위해 xcrun이 현재 사용되고 있는 경로를 출력합니다. 스위프트를 지원하지 않는 Xcode 버전이라고 알려주는 경우에는, 올바른 버전(Xcode 8.2나 그 이후 버전)으로 재설치하고 다시 시도하세요.

스위프트

```
sudo xcode-select -s /Applications/Xcode.app/Contents/Developer
```

REPL에서 코드를 입력하는 방법은 단순합니다. 그저 프롬프트에 입력하는 것이죠. '1>' 기호 다음에 명령을 입력하세요. 리턴 키를 누르면 입력문을 인식하고 다음 동작을 결정합니다. 다음의 코드를 입력하고 리턴 키를 누릅니다. 프로그래밍 학습의 전통을 계승하는 차원에서요.

스위프트

```
1> print("Hello, World!")
```

"Hello, World!"가 화면에 출력되고, 프롬프트 숫자가 증가합니다. REPL 프롬프트는 많은 쉘 프롬프트와 기능이 비슷하고 화살표 키로 화면을 이동할 수 있습니다. 상하 이동 화살표 키를 눌러서 입력 히스토리를 돌아다니고, 좌우 이동 화살표 키로 명령문을 편집합니다.

단일행 명령문을 입력하기는 편하지만, 제어 구조를 입력할 때 여러 개의 명령문을 한 행에 입력하는 것은 오히려 일만 복잡해질 수 있습니다. 다행스럽게도 REPL은 여러 개 입력된 명령문을 감지할 수 있을 만큼 똑똑해서, 개별 명령문이 완성되기 전에는 코드 해석 처리를 하지 않습니다. 리턴 키를 누르면 다음 줄로 넘어가 명령문을 계속 입력할 수 있습니다. 마침표(.)가 프롬프트의 꺽쇠 기호(>)를 대신해서 아직 다중 명령문을 작업 중임을 표시합니다. for 반복문을 다음(잘못된 구문)과 같이 입력해봅니다.

스위프트

```
2> for i in 0 ..< 3 {
3.     print("Hello, World!")
4. }
```

마지막 행까지 쓰고 리턴 키를 누르면, REPL은 모든 명령문을 연산하고 그 결과를 출력합니다. 예상했던 대로 "Hello, World!"가 세 번 연속으로 출력됩니다.

이번에는 작성된 코드를 편집해 봅시다. 상향 화살표 키를 한 번 누르면 완성된 세 행짜리 블록이 다시 나타나, 이것을 편집할 수 있습니다. 첫 행을 for i in 0 ..< 4 { 로 변경합니다. 다시 실행하려면 마지막 줄의 끝으로 가서 리턴 키를 칩니다. 이번엔 "Hello, World!"가 네 번 연속으로 출력됩니다.

참고

REPL의 편집 기능이 많이 발전했지만, 사용할 때는 주의해야 할 점이 있습니다. 복잡한 내용을 변경하고 나서 실수로 상향 화살표 키를 눌렀다가는, 변경한 코드가 전부 날아갈 수도 있습니다. 히스토리에서 이전 입력 내용으로 되돌려주기 때문입니다.

한 행에 입력했던 코드에 문제가 있을 때는 〈Ctrl〉+〈C〉키를 눌러 삭제할 수 있습니다. REPL에서 작업을 마치고 REPL을 바로 끝내려면, 빈 행에 커서가 있는 상태로 〈Ctrl〉+〈D〉를 누릅니다.

가능성

지금까지는 간결한 일회성 명령문(행이 하나인 것도 여러 줄인 것도 있었죠)만 살펴봤기 때문에 기초 학습 단계를 지나 한껏 흥미로움을 느낄 정도까지는 가지 않았습니다. REPL이 전 단계에 입력한 명령문을 기억할 수 있다는 것을 배웠지만, REPL이 기억 능력은 그게 다가 아닙니다.

다음의 예문에서 보듯이, 하나의 명령문에서 하나의 변수를 정의할 수 있고, 그 다음 그것을 참조하고 나중에 다른 명령문에서 수정할 수도 있습니다.

스위프트

```
  1> var i = 1
i: Int = 1
  2> i += 1
  3> i
$R0: Int = 2
  4> print(i)
2
```

변수를 생성하고 할당하는 작업을 수행할 때, REPL은 타입과 값을 출력합니다. 다음 행에서는 변수의 사전 증가(pre-incrementing)의 결과가 보이고, 넷째 행에서는 콘솔에 변수가 i의 현재 값을 출력하는 데 사용됩니다.

REPL은 스위프트의 모든 유효한 코드를 수용할 수 있고, 따라서 함수, 클래스, 구조체의 사용도 역시 가능합니다. 한없이 길고 복잡한 코드를 REPL에서 편집하려면 짜증이 점점 치밀어 오르겠지만, 짧은 샘플 코드나 실행문이라면, REPL에서 코딩하는 것이 플레이그라운드에서 하는 것보다 훨씬 빠른 길일 것입니다.

스위프트를 마치 스크립트 언어처럼 사용해볼 수 있다는 점에서, REPL은 잠재적 스크립트 코드를 시도할 수 있는 멋진 공간입니다. 시스템과 상호작용을 원하는 경우에 Foundation, Cocoa, AppKit과 같은 모듈을 임포트할 수 있지만, 더 심도 있는 작업을 하고자 한다면 플레이그라운드나 새 프로젝트를 생성해야 합니다.

지금까지 우리는 명령줄을 통해 REPL을 사용하는 방법에 대해서만 이야기했는데, REPL이 실제로 LLDB의 일종이면서 Xcode 자체에서 가능하기 때문입니다. REPL을 사용하려면, 스위프트 프로젝트에서 한 구획을 놓고 LLDB 프롬프트에서 그 구역에 해당하는 부분에 repl을 입력하면 됩니다. 이렇게 하면 응용 프로그램이 실행되는 것과 같은 환경에서 코드를 실행할 수 있습니다.

한계

명령줄이 언제나 코드 개발에 있어 최고의 환경은 아닙니다(Vim 광신도들이 무슨 소리를 하거나 간에 말이죠). 스위프트의 REPL 편집 기능은 수많은 유사 개발환경과 비교해 월등하지만, Xcode와 같은 본격적인 편집기의 텍스트 조작 성능을 따라갈 수는 없습니다.

플레이그라운드와 비교하면 REPL은 훨씬 순차적인 프로그래밍 환경입니다. 앞으로 되돌아가 전에 실행했던 명령문을 수정할 수 있다 해도, 그 변경사항이 그 이후에 만든 다른 객체나 변수들에 영향을 미치게 할 수는 없습니다. 플레이그라운드에서는, 값을 수정하면 변경된 사항이 실행되는 것을 볼 수 있습니다.

마무리

애플은 어떤 목적의 코딩이든 쉽게 하기 위해 노력해왔고 비약적으로 발전하는 중입니다. 경험 중심적인 개발자 환경을 만들어 번거로움과 부담을 크게 줄였고, 개발자가 코드 최적화에 신경 쓰는 노력을 줄이고 창의적인 개발에 집중할 수 있게 하고 있습니다.

다음 장에서는 스위프트 언어의 실제 구문을 살펴 봅니다. 특히 오브젝티브-C와 다른 점을 알아보는 데 초점을 둘 것입니다.

3장
언어 기본 사항

모든 프로그래밍 책이 언어의 기본 개념부터 시작하는 것은 다 이유가 있습니다. 기초적인 개념을 이해하지 못하면, 프로그래밍 언어를 제대로 이해할 수 없기 때문입니다. 클래스나 콜렉션 같은 고급 구조체 개념에서 헤맬 수도 있지만 기본 데이터 타입, 함수, 연산자 같은 기본 사항을 제대로 이해하지 못한다면 정말 난항을 겪게 됩니다. 그럼에도 많은 경력 프로그래머들이 처음 한 두 단원 정도는 그냥 넘겨버리고 기본은 차차 하면서 배우자고 생각하죠.

스위프트와 오브젝티브-C는 비슷하지만 똑같지 않습니다. 데이터 타입, 함수, 변수 및 상수 선언 방식 등 두 언어 사이에는 중요하면서도 커다란 차이가 있습니다. 그래서 이 책에서 기본 개념이 무엇보다 중요하다고 강조하고, 또 여러분이 플레이그라운드를 열어 새로운 기능을 직접 사용해보라고 권하는 것입니다.

데이터 타입

데이터 타입은 어떤 프로그래밍 언어에서도 기본적인 사항이며, 스위프트라고 다를 건 없습니다. 오브젝티브-C 사용자라해도 스위프트와 몇몇 큰 차이를 느낄 수도 있습니다. 스위프트는 'C 언어가 사라진 오브젝티브-C'라고 소개되긴 했지만, 기본 타입 체계의 상당 부분이 C 언어에 기반을 두고 있습니다. 그렇지만 때로는 이름만 보고 예상한 것과 다르게 작동하는 스위프트만의 기본 타입이 존재합니다.

기본 타입

C 언어와 오브젝티브-C, 거기에 C++ 개발자들에게도 C 언어의 타입은 매우 익숙할 것입니다. int, float, char 같은 단골 타입과 그 친구들은 오랜 세월 복잡한 구조체와 클래스를 만드는 데 사용되었고, 애플의 Foundation 프레임워크 대부분이 C 언어로 작성되었죠. 그래서 오브젝티브-C의 고급 객체들이 이러한 기본 타입에 기반하여 만들어졌습니다. [표 3.1]에서 오브젝티브-C의 타입과 그에 상응하는 스위프트의 타입을 나란히 볼 수 있습니다.

> **참고**
> 표 3.1은 C 언어 기본 정수 타입 크기를 64비트 구조로 가정합니다. Int16은 목표 플랫폼에 상관없이 항상 16비트라는 점은 스위프트에서의 커다란 장점입니다.

기본 타입을 객체로 사용하기

스위프트의 타입은 모두 객체이며, 오브젝티브-C의 기본 타입과 스위프트의 타입에는 근본적인 차이가 있습니다. 이것은 오브젝티브-C 개발자 상당수가 NSNumber를 콜렉션에서 기본 타입으로 사용하는 것을 떠올리게 하지만, 스위프트의 타입은 NSNumber보다 뚜렷한 장점이 있습니다. 바로 가변적이라는 것이죠. 이것은 counter라는 Int 타입의 변수를 생성하고 counter += 1으로 값을 증가시킬 수 있다는 것을 뜻합니다.

표 3.1 기본 타입

오브젝티브-C	스위프트	비고
NSInteger	Int	Int는 32-bit 머신에서는 Int32로, 64-bit 머신에서는 Int-64로 작동한다
NSUInteger	UInt	UInt는 32-bit 머신에서 UInt32로, 64-bit 머신에서 UInt-64로 작동한다
char	Int8	char를 정수 타입으로 사용할 경우, Int8에 해당한다
char	Character	문자열에서 문자로 사용할 경우, 그것은 Character에 해당한다
unsigned char	UInt8	
short	Int16	
unsigned short	UInt16	
int	Int32	
int	UInt32	
long	Int64	
unsigned long	UInt64	
long long	Int64	
unsigned long long	UInt64	
float	Float	
double	Double	
BOOL	Bool	Bool은 true와 false로 사용한다. YES와 NO는 쓰지 않는다
ID	AnyObject	AnyObject는 실제로는 프로토콜이다
Class	None	스위프트에는 해당 타입이 없다
IMP	None	스위프트에는 해당 타입이 없다
SEL	Selector	이 구조체는 셀렉터(selector)의 원문 텍스트 표현으로 반환될 수 있다
void	Void	Void는 빈 tuple ()에 해당하고 직접적으로는 거의 사용되지 않는다

또한 Int 객체에 대해 successor()이나 predecessor()와 같은 편의 메소드와 구조체까지도 확장할 수 있고, 다른 정수 타입으로부터 Int 객체를 생성할 수 있는 등, 애플이 기본 타입의 기능을 확장하는 것이 허용됩니다. 당연히, 애플이 클래스를 확장할 수 있다면 여러분도 가능합니다. 익스텐션(오브젝티브-C의 카테고리에 해당)을 이용해서 여러분은 기본 타입을 진정한 여러분만의 것으로 만들 수 있습니다.

타입 별칭 사용하기

오브젝티브-C 코딩에 C 언어의 typedef 선언을 사용하는 것도 스위프트에서 지원합니다. 타입을 사용해 변수에 특정 의미를 부여하는 이름을 적용하길 원한다면, typealias 키워드를 이용해서 타입에 별칭을 생성할 수 있습니다. 예를 들어, 코드가 시간차(time intervals)를 두고 동작한다면 Int의 타입 별칭을 TimeInterval이라고 정의할 수도 있습니다.

```
typealias TimeInterval = Int
```

이렇게 하면 TimeInterval을 사용할 수 있습니다. 이제 여러분은 제네릭 정수 타입을 사용할 때보다 함수나 데이터 구조가 더 명확한 의미를 표현하도록 정의할 수 있습니다.

문자열

오브젝티브-C에서 문자열은 C 언어의 문자열과 Foundation이 제공하는 NSString이라는 두 가지 형태가 있습니다. 이러한 형태는 C 언어 문자열의 비교적 단순한 성향에서 온 오랫동안 선호되던 옵션이었습니다. 이 두 형태는 따지고 보면 그저 조작을 위한 함수 라이브러리가 포함된 null로 종료되는 char의 배열입니다.

스위프트는 단순하게 String이라고 알려진 고유의 문자열 타입을 도입했습니다. String 기능의 포괄성은 NSString과 유사하면서 NSString 객체와 함께 사용될 수도 있습니다. 그래서 NSString을 사용하는 API에서 String 타입을 사용할 수 있습니다.

그러나 아마도 String 객체의 가장 좋은 점은 우리에게 너무도 친숙한 '@' 기호 없이도 초기화할 수 있다는 점일 것입니다. String은 8장에서 더 자세히 다루겠습니다.

함수

오브젝티브-C에서 함수는 메소드와는 구별되는 아주 특수한 역할을 합니다. 원래 함수의 고향은 C 언어로, 독립적이면서 매우 객체지양(객체지향이 아니라)적으로 보입니다. 스위프트에서 '함수'란 C 언어의 함수와는 의미가 전혀 다릅니다.

C 언어에서와 마찬가지로, 스위프트는 독립 기능의 개념을 지원하고, 어떤 상태에도 영향을 받지 않는 단일 함수를 생성하는 것이 여전히 유용해서 연관 클래스를 생성하는 짐을 지지 않아도 됩니다.

오브젝티브-C에서는 메소드를 함수와 분리해서 생각했지만, 스위프트에서 메소드는 간단히 말해서 클래스에 '부착된' 함수이고 그 클래스의 인스턴스로 호출될 수 있습니다. 스위프트의 함수는 메소드를 구조체나 열거형에 부착해 사용할 수 있고 심지어 다른 함수들과 중첩될 수도 있습니다.

오브젝티브-C의 메소드와 스위프트의 함수 사이의 큰 차이점은 바로 일급 객체 타입(first class type)에 해당하는 개념입니다. 함수 호출에서 파라미터로서 함수를 전달할 수 있고, 함수 호출로부터 반환 값으로 함수를 반환할 수도 있습니다.

블록

스위프트에서 오브젝티브-C의 블록 역할을 하는 것이 바로 클로저(closure)입니다. 이렇게 새 이름을 얻은 덕에 프로그래밍의 세계에 더욱 발맞추어 갈 수 있게 된데다, 걱정도 줄어들었죠. 시대에 뒤떨어진 이름이라 놀려대던 각종 웹 사이트들이 이제 입을 다물 테니까요.

클로저와 블록은 많은 차이점이 있지만 주로 구문상에서 차이가 큽니다. 클로저는 클로저 구문 추적이나 독립변수 이름 약칭과 같은 수많은 구문 최적화에 중점을 두어 왔고, 그 결과 간단한 경우에는 대체로 클로저를 읽고 이해하기 쉬워졌습니다.

튜플

튜플은 오브젝티브-C에서는 동등한 항목을 찾을 수 없는 스위프트만의 전혀 새로운 측면입니다. 수학에서 튜플은 순서가 있는 데이터의 단순한 집합체를 의미합니다. 집합체 안 항목의 숫자가 튜플의 타입을 정의합니다. 2-튜플은 2개 항목으로, 3-튜플은 3개 항목으로, n-튜플은 n개 항목으로 이루어집니다.

스위프트 튜플은 상황에 따라 그때 그때 정의하거나 변수로 정의할 수 있을 뿐만 아니라 타입 알리어스를 이용하여 새로운 타입으로 선언할 수도 있습니다. 튜플이 정의되면, 튜플 안에서 각 항목에 이름을 붙이거나 단순히 튜플 내부 인덱스에 의해 참조할 수 있습니다. 여러 가지 면에서, 튜플은 매우 가벼운 구조체이면서도 덜 형식적입니다.

튜플은 오브젝티브-C 프로그래머들이 요구해온 것을 제공하기도 합니다. 튜플은 함수에 파라미터로 전달될 수 있고 함수에 의해 반환될 수 있습니다. 이러한 성질은 다중 반환 값의 사용을 효과적으로 가능하게 해주고, 구조체를 쓰거나 함수에 전달되는 파라미터(출력 파라미터라고도 함)를 수정하는 함수에 의존하지 않고는 절대 불가능했던 것을 가능하게 해줍니다.

클래스, 구조체, 열거형

현대적인 객체 지향 프로그래밍(OOP)답게, 스위프트도 당연히 클래스의 개념을 지원합니다. 기본 개념의 대부분이 일부 문법의 변화에도 그대로 유지되지만, 커다란 차이점이 꽤 존재합니다.

▶ 스위프트의 클래스는 기본 클래스를 상속받을 필요가 없다
▶ 모든 스위프트의 인스턴스 변수는 속성(property)이다(ivar가 없다)
▶ 스위프트의 클래스는 액세스 제어의 엄격한 양식을 따른다

스위프트의 클래스는 오브젝티브-C의 카테고리 개념을 지원하지만, 이 개념은 이제 '익스텐션'이란 이름으로 알려져 있습니다. 상속을 위한 extends 키워드를 사용하는 자바와 같은 언어를 사용하던 사람이라면 이러한 개념이 다소 혼란스러울 수도 있습니다.

오브젝티브-C의 구조체 개념은 C 언어에서 그대로 온 것입니다. 구조체는 특히 저수준의 단순한 데이터 저장에 가장 적합합니다. 그러나 스위프트는 C 언어의 구조체 개념을 취하면서도 클래스와 비슷한 성질을 갖도록 한 단계 수준을 높였다고 할 수 있습니다. 스위프트에서 구조체는 메소드를 포함할 수 있고, 자신만의 데이터를 가공할 수 있으며, 심지어 익스텐션 기능을 사용해 확장할 수도 있습니다.

클래스와 구조체 사이의 주요 차이점은 전달 방식(참조냐, 값이냐)과 상속을 어떻게 처리하는가(클래스는 상속하지만 구조체는 상속하지 않는다) 하는 것입니다. 오브젝티브-C의 구조체는 단순성 때문에 종종 외면 받았지만, "반드시 struct여야만 하는가" 하는 것은 여러분이 스위프트에서 'class'라는 단어를 입력할 때마다 고민해야 할 문제일 것입니다.

의도한 바는 아니었겠지만, 스위프트에서 다양하게 활용할 수 있는 열거형 타입을 도입한 것이 기능이 단순한 C 언어의 enum을 더 볼품없어 보이게 했습니다. 스위프트의 열거형은 정수 타입 외에도 훨씬 복잡한 데이터 타입을 다룰 수 있고, 데이터를 결합하고, 데이터에 작동하는 메소드를 가질 수도 있습니다.

스위프트는 오브젝티브-C와는 달리 다른 객체 타입 안에 존재하는 복잡한 객체 타입의 중첩이 가능합니다. 이러한 기능을 통해 클래스 안의 열거형이나 클래스 안의 구조체, 또는 구조체 안의 클래스 (또는 여러분이 원하는 어떤 식의 조합이라도)의 임베딩이 가능하고 고차원의 캡슐화를 제공할 수 있습니다.

클래스든 구조체든 열거형이든, 데이터를 표현하기 위해 어떤 형태를 사용할지 결정하기가 스위프트에서 오히려 좀 더 어려워졌다고도 할 수 있습니다.

콜렉션

C 언어에 존재하는 단 하나의 고유 콜렉션 타입이 바로 배열입니다. NSArray와 NSMutableArray의 강력함과 편의성에 익숙한 사람에게는 특히 C 언어의 배열은 기본 중의 기본입니다. NSArray와 NSMutableArray가 실제로 오브젝티브-C 자체가 아닌 Foundation에 의해 제공됨에도 불구하고 말이죠. 그래도 여전히 우리는 오브젝티브-C를 생각하면서 NSArray, NSDictionary, NSSet를 떠올리고 그 가변적인 동료들과 NSHashTable과 NSMapTable 같은 조금은 '덜 유명한' 친구들까지 연상하게 됩니다.

스위프트는 배열과 딕셔너리 그리고 세트(Set)라는 형태로 고유의 콜렉션을 들고 나왔습니다. 사실, 경우에 따라 오브젝티브-C API를 다룰 때에는 Foundation 콜렉션을 사용해야 할 것입니다.

스위프트의 배열과 딕셔너리는 오브젝티브-C의 배열과 딕셔너리와 비교하면 기능 면에서도 성능 면에서도 못지 않을 뿐더러, 같은 용도로도 사용이 가능합니다. 그리고 배열의 map, filter, reduce 함수처럼 현대적 기능이 추가되면서 많은 면에서 발전했습니다.

변수 선언

스위프트와 오브젝티브-C 사이의 가장 극명한 차이는 변수 선언 방식입니다. 변수 값을 생성하고 할당하는 것은 모든 언어에서 가장 기본적인 부분이지만, 스위프트식의 변화에 익숙해지려면 시간이 좀 걸릴지도 모릅니다.

VAR와 LET

오브젝티브-C는 옛 C 언어의 방식을 따랐습니다.

오브젝티브-C

```
type name = assignment;
```

따라서 counter라 명명한 정수(integer) 변수를 생성하고 초깃값을 0으로 하길 원한다면, 다음과 같이 씁니다.

오브젝티브-C

```
NSInteger counter = 0;
```

반면 스위프트는, 다음처럼 해야 합니다.

스위프트
```
var name: type = assignment
```

그래서 counter에 해당하는 선언은 다음과 같습니다.

스위프트
```
var counter: Int = 0
```

왜 var 키워드를 써야 할까요? 이것은 코드가 중복된 것처럼도 보이고, 자바와 너무 비슷해진 느낌도 듭니다. 하지만 걱정하지 마세요. 다 그래야 할 목적이 있습니다. 그 목적이란 바로 변수와 상수를 구분하기 위한 것이죠. 스위프트에서 상수를 선언하려면, 다음과 같은 방식을 사용합니다.

스위프트
```
let name: type = assignment
```

그래서 카운터의 최댓값을 정의하는 상수를 생성하려면, 다음과 같이 합니다.

스위프트
```
let maxCounter: Int = 10
```

오브젝티브-C와 마찬가지로 변수를 할당하기 전에 먼저 변수를 생성하는 것은 유효하나, 변수를 초기화하기 전에 변수를 사용하면 안 됩니다.

스위프트

```
var deferredCounter: Int

// deferredCounter 변수를 참조하지만 않으면
// 여기에 다른 코드가 와도 됩니다

deferredCounter = 0
```

상수의 경우에는 이같은 방식이 적용되지 않습니다. 상수의 경우에는 선언 시점에 반드시 초기화해 주어야 합니다. 상수가 클래스나 구조체의 인스턴스를 가리킨다면, 이 상수가 다른 인스턴스를 가리키도록 변경할 수는 없습니다. 그러나 클래스의 인스턴스일 경우 그 인스턴스 안에서 데이터를 수정할 수는 있습니다.

스위프트

```
class IntContainer { var internalInt: Int = 0 }
let intContainer = IntContainer()
intContainer.internalInt = 3
```

가변성

상수 생성을 위한 전용 구문이 왜 있는지 의아할지도 모릅니다. 사실 많은 오브젝티브-C의 코드에서 상수는 변수처럼 많이 쓰이지도 않습니다. 그것은 어쩌면 관습적으로 굳어져서일 수도 있고, 아니면 상수가 오브젝티브-C 언어의 일부라는 느낌이 잘 들지 않아서일지도 모릅니다.

상수가 쓰이는 곳에서는 C-전처리기 매크로(#define 명령문)를 써서 선언되는 경우가 많고, const 키워드(다시 말하지만 오브젝티브-C보다는 C 언어적 특성이죠)를 써서 선언되는 경우도 더러 있습니다. 게으르거나 성질 급한 개발자들은 다른 곳에서 상수를 정의하거나 다른 키워드를 추가해 변수를 선언하라고 하면, 상수를 쓰니 그냥 일반

변수를 써버리려고 할 수도 있습니다.

반면에 스위프트는 코드의 안정성을 높이기 위해 노력했습니다. 선언하는 시점에서 var와 let 중 선택해야 하고, 다른 키워드는 필요 없습니다. 이 두 단어의 길이가 같은 것은 순전히 우연이지만, 정말 오묘한 우연이죠.

상수 사용의 개념은 오브젝티브-C 개발자들에게는 약간 낯설게 보일 수도 있지만, 오랜 세월 다방면에서 활용해온 방법이기도 합니다. NSMutableString을 대신해 NSString을 생성하거나, NSMutableArray를 대신해 NSArray를 생성한다면, 이것은 곧 변수를 대신해 상수를 선택한 것입니다. Foundation 프레임워크에서 우리는 가변적 그리고 불변적이라는 용어를 사용합니다.

키워드 하나만 변경하여 타입을 가변 또는 불변으로 만드는 것은 코드를 안전하게 만드는 방향으로 한 걸음 크게 내딛는 격입니다. 값을 변경해야 할 필요가 있을 때까지 불변성(상수)을 사용하는 방식을 따르는 것으로도 프로그래밍 코드가 컴파일러에 훨씬 더 쉽게 최적화되게 할 수 있고, 실행 속도도 빠르게 할 수 있습니다.

클래스 타입(예를 들어 NSString과 NSMutableString 중의 선택)을 변경하지 않으면, 이러한 상황이 발생했을 때 가변적 및 불변적 이형체를 전환하는 것을 더 쉽게 해줍니다.

타입 추론

개발자들이 C 언어나 오브젝티브-C처럼 타입 규정이 까다로운 언어에 많이 하는 불평은 바로 변수 선언할 때 변수 타입을 항상 염두에 두어야 한다는 것입니다. 일단 변수를 특정 타입으로 정의하고 나서 다른 타입을 지정하려고 하면 컴파일러 에러나 런타임 에러가 발생하기 때문입니다.

타입 지정을 강력하게 규제하지 않는 언어에서는 개발자가 코딩 과정에서 수많은 다른 타입을 재지정할 수 있습니다. 유연성의 관점에서는 좋을 수도 있지만, 이런 방법이 자칫하면 원치 않는 결과를 낳을 수도 있습니다.

스위프트는 타입을 엄격히 관리해서 안정성을 높이면서도 타입 선언을 명확히 하지 않아도 되는 유연함마저 갖출 수 있는 방법을 찾으려 노력했습니다. 그래서 드디어 타입 추론이라는 기술에 도달했습니다.

지금까지 이 책의 예시에서는 타입 선언을 명확히 했기 때문에, 보통 우리는 다음 예시와 같이 선언을 해왔습니다. 그리고 솔직히, 뜸 좀 들이다가 '짜잔, 타입 추론이란 것도 있습니다' 하고 놀라게 하고 싶기도 했고요.

스위프트

```
var name: type = assignment
```

타입이 지정 값으로부터 추론될 수 있으면, 다음처럼 짧게 쓸 수 있습니다.

스위프트

```
var name = assignment
```

타입 추론을 사용하려면, 변수에 값을 즉시 지정해야 합니다. 그렇지 않으면 타입은 추론되지 않습니다. 반드시 리터럴 값일 필요는 없습니다. 표현식이나 함수의 반환 값에서도 지정될 수 있습니다.

```
var inferredCounter = UInt.min
```

이 예문에서, UInt.min은 UInt를 위해 최소 유효 값을 반환하는 함수로 그 값은 0입니다. min 속성의 타입은 UInt이므로 inferredCounter의 자료형으로 추론됩니다.

타입 추론이 코딩을 하는 데(코드를 읽을 때에도) 속도를 높이는 훌륭한 방법이기는 하지만 주의해서 사용해야 합니다. 함수의 반환 값을 할당하는 경우, 함수 이름이 의미가 명확한지, 그리고 반환되는 타입의 종류가 합리적이고 분명한지 확인해야 합니다. 코드를 점검하다가 어떤 타입이 추론되는지 밝히는 데 문제가 있을 때는, Option키를 누른 상태로 변수 이름을 클릭해서 나오는 팝오버 창에서 추론되는 타입을 확인할 수 있습니다.

그림 3.1 Xcode는 추론 타입을 표시할 수 있다

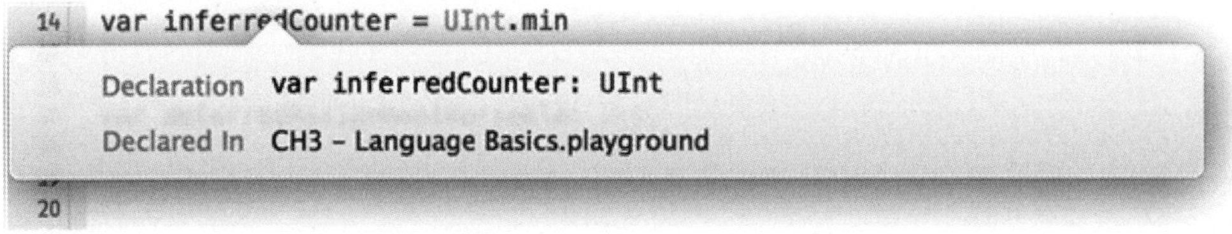

```
14   var inferredCounter = UInt.min

     Declaration   var inferredCounter: UInt
     Declared In   CH3 - Language Basics.playground

20
```

문법

스위프트의 기본 문법이 오브젝티브-C와는 많이 달라서 오브젝티브-C 개발자는 혼란스러울 수 있습니다. 여기에서는 가장 중요한 사항 몇 가지를 우선 살펴보고, 차차 공부해가면서 다른 세부적인 변화들도 자세히 다루겠습니다.

세미콜론

아마도 가장 눈에 띄는 변화는 세미콜론을 명령문 끝에 쓰는 것이 더는 필수사항이 아니라는 사실입니다. 굳이 쓰고 싶다면야 계속 써도 무방하지만, 명령문을 끝낼 때 세미콜론을 쓰는 것은 이제 선택사항입니다.

현재로서는 스위프트가 이런 방식을 채택했다고 해서 명령문을 끝낼 때 세미콜론을 찍는 사람이 줄어들지는 아무도 모릅니다. 세미콜론 사용을 선택으로 만드는 바람에, 애플은 개발팀과 오픈 소스 프로젝트 안에서 갈등을 빚을 또 다른 스타일 가이드를 도입한 꼴이 되고, 그로 인해 우리가 할 수 있는 최선의 충고란 각자 맞는 방식을 따르라는 것이 되어, 결국 일하는 팀마다 각자의 방식을 따르게 될 수도 있습니다. 이 책의 예제에서는 세미콜론을 사용하지 않습니다. 여러분도 각자 구미에 맞게 쓰시면 됩니다.

세미콜론은 다음 경우에 한해서 반드시 써야 합니다.

▶ 한 행에 여러 개의 명령문이 있을 때, 명령문을 구분하기 위해 세미콜론이 사용된다. 하지만 한 개의 행에 여러 개의 명령문을 써넣는 것은 일반적이지도 않고 디버깅할 때 가독성을 저해하기 때문에 그런 코딩은 사용하지 않기를 추천한다.

@의 행방

최근 들어 오브젝티브-C 구문의 특징적인 면의 하나로 골뱅이 기호(@)가 많아졌다는 것을 들 수 있습니다. '@'는 클래스, 속성, 문자열 리터럴의 선언에 오랫동안 사용되어 왔지만 부울 연산, 숫자, 배열, 딕셔너리를 위한 새로운 리터럴 구문이 몇 해 전 도입되면서부터 사용되는 빈도가 급격히 늘었습니다.

스위프트는 오브젝티브-C에서 지금도 사용하는 많은 곳에서 '@' 기호를 사용하지 않습니다. [표 3.2]에서 오브젝티브-C와 스위프트에서 '@'의 용례를 비교해서 살펴보겠습니다.

스위프트에서도 '@'은 여전히 많이 쓰이지만, 모두 다른 키워드에 속성(attribute)을 추가할 때 사용됩니다. 가령, 클래스가 애플리케이션에서 메인 엔트리 포인트로 사용되어야 함을 나타낼 때에는 @UIApplicationMain 속성(attribute)이 사용됩니다. 이 책의 뒷 부분에서 '@'의 사용에 대해 배울 것입니다.

표 3.2 @이 사라진 곳

문자열 리터럴 변수 대체	@"%@", variable	사용하는 경우
문자열 리터럴 선언	@ "Hello, World!"	"Hello, World!"
숫자 리터럴 선언	@1.23	1.23
부울 리터럴 선언	@YES	true
배열 리터럴 선언	@[var1, var2]	[var1, var2]
딕셔너리 리터럴 선언	@ var1: var2	[var1: var2]
문자열 리터럴 변수 대체	@"%@", variable	"₩(variable)"
클래스 인터페이스 선언과 실행	@interface MyClass @end @implementatinMyClass @end	class MyClass }
클래스 속성 선언	@property () proname	var propname

대괄호의 시대는 갔다

처음 오브젝티브-C를 접하면 대괄호가 매우 광범위하게 사용되고 있다는 것을 바로 발견할 수 있습니다. 오랜 세월 동안, 객체에 메시지를 보내는 유일한 방법(오브젝티브-C에서의 메소드 호출)은 대괄호를 사용하는 것이었죠. 그러다 몇 해 전, 애플은 사용자가 도트 연산자를 사용해 속성을 액세스할 수 있는 도트 구문을 도입했는데, 이로 인해 좀 더 자바나 C++에 가까워진 듯합니다.

도트 구문을 싫어하는 사람들에게는 슬픈 소식이지만, 애플은 스위프트의 클래스, 구조체 및 열거형을 호출할 수 있는 방법으로 도트 구문을 쓰기로 했습니다. 메소드를 호출하는 방법에 대한 자세한 내용은 이 장 앞부분의 '함수'를 참고하십시오.

대괄호의 팬들은 걱정하지 마세요. 대괄호는 완전히 사라지는 것이 아니라, 배열 리터럴을 선언하는 데 계속 쓰일 것이고, 딕셔너리 리터럴의 중괄호를 대체해 사용될 테니까요.

제어 블록

오브젝티브-C 개발자라면 if, for, while, switch와 같은 제어 블록을 다루는 문법 변화를 꼭 확인해야 합니다. 일반적인 형식은 같지만, 중괄호가 더 이상 선택 사항이 아니라는 중요한 변경사항이 있습니다.

악명 높은 '고투 버그(goto bug)'의 영향이라 추측하는 사람들도 있지만(중괄호를 사용하지 않기로 한 결정이 애플에 심각한 보안상의 취약성과 곤란한 상황이 발생할 우려를 낳았을지언정) 정확한 것은 알 수 없습니다. 이제는 중괄호를 반드시 사용해야 하므로 스위프트에서 이런 문제는 발생할 수 없습니다.

또 다른 변화로는, 스위프트 디자이너들이 과거에는 필수 요소였던 소괄호를 이제는 생략될 수 있다고 결정한 것입니다. 다음은 현재 스위프트에서 모두 유효한 구문들입니다.

- if 조건 { ... }.
- for 할당변수 in 범위값 { ... }.
- while 조건 {...}.
- switch 변수 { ...}.

세미콜론처럼, 소괄호의 생략도 어떤 스타일 가이드를 만드느냐에 달려 있습니다. 저는 소괄호를 생략하는 것이 좋아서, 이 책에서는 소괄호를 생략할 것입니다.

후기 전처리기 시대

여러분이 오브젝티브-C에서 우물정자(#, 해시 마크)로 시작하는 명령문을 사용한 적이 있다면, 실제로는 C 언어 전처리기의 덕을 본 것입니다. 이러한 명령어에는 #define, #ifdef, #pragma, 그리고 여러분이 정의했거나 전처리기(예를 들어 _FILE_, _LINE_ 등)에 의해 정의된 변수의 매크로 치환이 포함됩니다.

'C 언어가 사라진 오브젝티브-C'라는 표어에 맞게, 스위프트는 C 언어 전처리기를 사용하지 않으며, 따라서 모든 범위의 전처리기 명령을 더는 쓸 수 없습니다.

전처리기 명령문의 기본 용도 중에는, 예를 들어 디버그 빌드와 같은 코드의 조건부 컴파일이 있습니다. 스위프트 개발자는 #if, #elseif, #else, #endif와 같은 키워드를 지원하는 기본적인 명령문을 포함시켰습니다. #if와 #elseif 명령문은 빌드 설정(운영체제/아키텍처와 같은)과 명령줄 플래그를 테스트하도록 지원합니다.

오브젝티브-C 개발자 상당수가 Xcode에서 #pragma mark 명령문을 사용해서 문서 구조 뷰(그림 3.2)에 표식을 삽입합니다. 스위프트에서는 아래 목록처럼 특별히 형식화된 주석을 사용해서 같은 동작을 얻을 수 있습니다. Xcode는 TODO와 FIXME 주석(특히 이것을 좋아하는 개발자들이 있죠)을 넣는 것도 가능해서 문서 구조에서 직접 볼 수 있습니다.

- // MARK : 주석 - 일반 마커를 포함
- // MARK : - 주석 - 그 앞에 선 마커를 포함
- // TODO : 주석
- // FIXME : 주석

그림 3.2 문서 구조에서 MARK, TODO 및 FIXME 주석

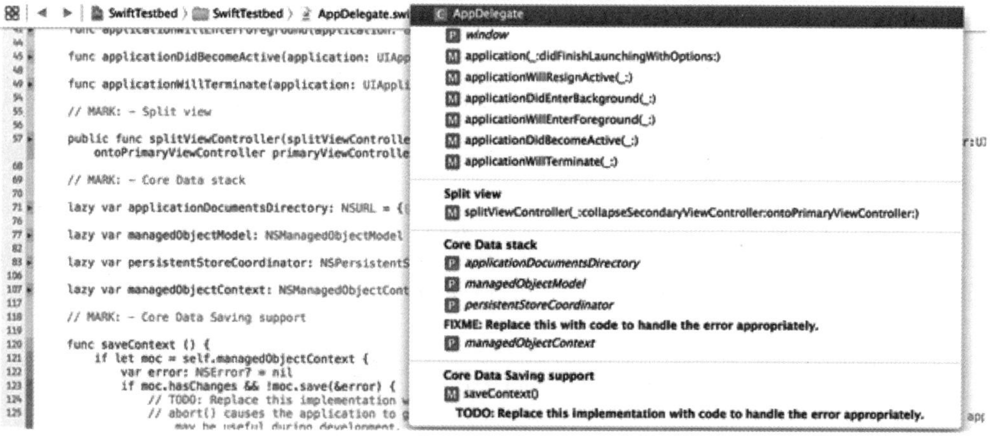

주석

스위프트에서 주석은 오브젝티브-C와 같은 방식으로 사용되지만, 몇 가지 추가된 성격이 있습니다. 이제 여러 줄(또는 블록) 주석도 중첩될 수 있습니다. 이제는 짧은 여러 줄 주석이 긴 코드의 중간에 일시적으로 들어와 내용을 끊어 놓지 않아도 됩니다.

아직 애플이 완전히 문서화하지는 않았지만, 추가적인 주석 스타일은 클래스나 메소드에 포맷화된 문서를 첨부시켜 사용될 수 있습니다. Javadoc이나 Doxygen 포맷에 익숙한 사람은 이것이 익숙하게 느껴질 것입니다. 다음의 코드는 이 구문을 사용하는 속성과 메소드가 있는 클래스를 보여줍니다.

[그림 3.3]은 〈Option〉키를 누르고 코드의 문서 식별자를 클릭했을 때 Xcode에서 제공하는 결과를 보여줍니다.

그림 3.3 Xcode에서 개발 문서의 주석 보기

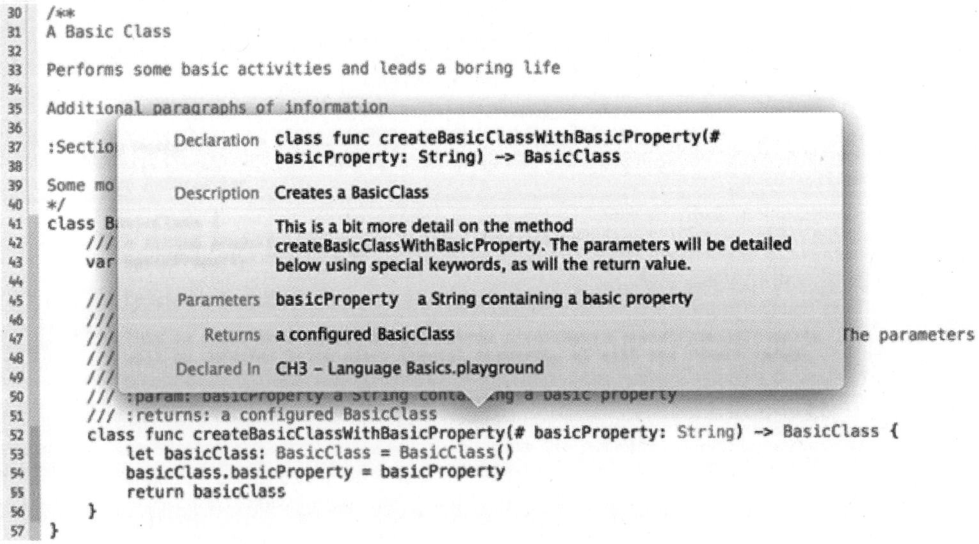

```
/**
A Basic Class
기본 클래스는
Performs some basic activities and leads a boring life
보통 기본적인 작동을 해서 좀 지겹습니다
Additional paragraphs of information
정보의 추가적인 단락
:Section Header:
:섹션 헤더:
Some more information.
 더 많은 정보
*/
class BasicClass {
/// A String property containing Stringy information
문자열의 정보를 포함하는 문자열 속성
var basicProperty: String = ""
/// Creates a BasicClass
BasicClass 생성
///
/// This is a bit more detail on the method createBasicClassWithBasicProperty. The parameters
이것은 createBasicClassWithBasicProperty 메소드의 더 세부적인 사항입니다.
/// will be detailed below using special keywords, as will the return value.
변수는 아래의 특수 키워드를 사용해서 세부사항을 지정할 수 있고, 반환 값도 마찬가지입니다.
///
/// :param: basicProperty a String containing a basic property
:param: basicProperty 기본 속성을 포함하는 문자열
/// :returns: a configured BasicClass
:returns: 설정된 BasicClass
class func createBasicClassWithBasicProperty(basicProperty: String) -> BasicClass {
let basicClass: BasicClass = BasicClass()
basicClass.basicProperty = basicProperty
return basicClass
    }
}
```

연산자

스위프트의 연산자는 세 가지로 분류할 수 있습니다.

▶ 오브젝티브-C와 같은 것

▶ 오브젝티브-C와 다른 것

▶ 스위프트에서 새로 생긴 것(오브젝티브-C에는 없는 것)

같은 것

애플이 기본을 망가뜨리지 않는 길을 선택한 덕에, 우리가 잘 알고 있고 자주 써온 여러 개의 전통적인 연산자들을 그 방식 그대로 스위프트에서도 사용할 수 있습니다. [표 3.3]은 변함없이 사용할 수 있는 연산자들입니다.

표 3.3 같은 동작을 하는 오브젝티브-C와 스위프트의 연산자

연산자	동작	연산자	동작
+	더하기	&=	비트연산 AND 및 대입
-	빼기	|	비트연산 OR
*	곱하기	|=	비트연산 OR과 대입
/	나누기	^	비트연산 XOR
%	나머지 연산	^=	비트연산 XOR과 대입
=	대입	!	논리 NOT
+=	더하기와 대입	&&	논리 AND
-=	빼기와 대입	||	논리 OR
*=	곱하기와 대입	<<	비트 시프트 왼쪽

연산자	동작	연산자	동작
/=	나누기와 대입	>>	비트 시프트 오른쪽
<	작음	<<=	비트 시프트 왼쪽과 대입
<=	작거나 같음	>>=	비트 시프트 오른쪽과 대입
>	큼		
>=	크거나 같음		
&	비트연산 AND		

다른 것

애플은 기존의 오브젝티브-C 연산자의 작동방식 일부를 수정했습니다. [표 3.4]는 스위프트에서 의미가 달라진 연산자들입니다.

동등 연산자의 변화

오브젝티브-C를 막 시작한 사람이 저지르기 쉬운 실수가 바로 객체의 값을 비교하는 데 동등 연산자를 사용하려는 것입니다. 예를 들어, 마치 같은 숫자 값을 가질 것 같은 두 개의 다른 NSNumber 객체를 비교하는 것입니다. 오브젝티브-C의 동등 연산자는 오로지 기본 타입만을 비교하고, 따라서 두 개의 객체를 비교하도록 하면 아주 단순하게 포인터만 비교할 것입니다. 두 개의 객체를 비교하는 올바른 방법은 바로 - [NSObject isEqual:] 메소드를 사용하는 것입니다. 그래서 클래스에 의해 제대로 실행이 이루어지면 두 객체의 데이터 간의 실제적인 비교가 수행됩니다.

표 3.4 변경된 오브젝티브-C와 스위프트 연산자

연산자	동작
==	같음
!=	같지 않음

연산자	동작
&+	더하기 오버플로
&-	빼기 오버플로
&*	곱하기와 오버플로 무시
&/	나누기와 오버플로 무시
&%	나머지 연산과 오버플로 무시
%=	나머지 연산과 대입
&&=	논리 AND과 대입
||=	논리 OR과 대입
.	멤버 액세스
?:	삼항 연산자 (삼항 연산자만 해당되며, 단축 버전이 아님)
++	스위프트에서 삭제됨
--	스위프트에서 삭제됨

스위프트의 동등 연산자는 오브젝티브-C와는 달라서 오브젝티브-C 개발자들이 예상하는 것보다는 차라리 초보 개발자의 예상이 실제 동작에 더 가깝습니다. 연산자 오버로딩(14장에서 자세히 다룹니다)을 통해 같음(==)과 같지 않음(!=) 연산자가 객체 타입에 적용될 때 동작할 자신만의 정의를 만들 수 있습니다.

객체 타입을 생성할 때는 좀 더 신중하게 생각해야 할 필요가 있지만, 그렇게 하면 코드를 읽기도 훨씬 좋아지고 작업에 필요한 오버로드를 생성하는 데 시간을 더 투자할 수 있습니다.

오버플로 변화

스위프트가 새로운 연산자들을 선보였는데 혹시 여러분이 AND 연산자들을 떠올렸을지도 모르겠네요. 모두 앰퍼샌드로 시작하니까요. 실제로 이것은 오버플로를 처리할 수 있는 표준 연산자의 변형들입니다.

덧셈과 뺄셈의 경우, 오버플로가 고려됩니다. 예를 들어, 오브젝티브-C에서 아래와 같이 코딩을 작성한다면 컴파일러의 경고가 나타날 것입니다(여러분이 경고 메시지를 수습할 수 있건 없건 간에요).

오브젝티브-C

```
unsigned char withoutOverflow = 230 + 50;
```

스위프트에서 똑같은 코드를 작성하면 단순한 경고가 아니라 에러가 발생합니다.

스위프트

```
var withoutOverflow: UInt8 = 230 + 50
```

스위프트에는 오버플로 연산자(&+)를 추가로 제공하는데, 이 연산자는 원하면 오버플로를 허용하며 실행할 수 있게 해줍니다.

스위프트

```
var withOverflow: UInt8 = 230 &+ 50
```

이것은 마치 오브젝티브-C에서도 적용될 것처럼 보이지만 그 결과는 다릅니다.

오브젝티브-C

```
unsigned char withOverflow = 230 &+ 50;
```

이 표현식은 실제로 230 & (+50)이고 따라서 230에 50이란 값을 사용해 비트 AND 연산하는 동작을 수행합니다. 오브젝티브-C에서 다음의 표현식은 모두 같습니다.

▶ 230&+50

▶ 230 &+50

▶ 230 & +50

▶ 230 & + 50

▶ 230& +50

▶ 230&+ 50

스위프트는 훨씬 까다로워서 230 & +50과 230 &+ 50을 다르게 인식합니다. 만약 여러분이 공백을 대충 다뤄왔던 개발자라면 앞으로는 더 주의를 기울여야 할 것입니다.

대입 연산자의 변화

개발자들은 보통 두 진영으로 나뉩니다. 대입 연산자가 코딩을 간결하게 하는 데 불필요하고 코드를 읽는 데 어려움만 준다는 쪽과 그렇지 않다는 쪽입니다. 만약 여러분이 후자 쪽에 속하는 개발자라면, 스위프트 언어가 추가적인 대입 연산자 몇 가지를 도입해 코드를 읽기 힘들게 만들었다는 사실에 뿌듯할 수도 있겠죠.

▶ 나머지 연산 및 대입 (% =)

▶ 논리 AND 및 대입 (&& =)

▶ 논리 OR 및 대입 (|| =)

혹시라도 스위프트 코드 '읽기 어렵게' 짜기 대회 같은 게 생긴다면, 개회식을 장식하기에 적격일 것 같군요.

참고 ◇◇
저는 좀 장황하게 코딩해놓고 나중에 컴파일러가 최적화하도록 하는 편입니다. 저도 무슨 소린지 모를 때는요.

기타

원래 오브젝티브-C에서 속성을 설정하거나 가져오는 유일한 방법은 바로 -propertyName과 -setPropertyName:이라는 길고 긴 구문을 쓰는 것이었습니다. C++이나 자바 개발자가 깔끔하고 간편한 도트 주석을 달고 있을 때, 오브젝티브-C 개발자들은 질투어린 눈으로 그 모습을 바라만 봐야 했습니다. 심지어 C 언어 구조체도 오브젝티브-C보다 간편했죠. 결국 애플은 오브젝티브-C가 도트 구문을 지원하도록 해서 클래스에서 접근자 메소드를 호출하는 간편한 방법을 만들어 기능을 개선했습니다. 도트 구문의 도입은, 각자 상황에 따라 커다란 진보로 느껴질 수도 있고 이제야 뒷북 치는 것으로 보일 수도 있겠죠. 흔히 점 또는 마침표라고 알려진 기호인 멤버 액세스 연산자(.)를 사용해서 인스턴스로부터 함수나 데이터를 액세스하는 유일한 방법으로 도트 구문이 스위프트에서 정식으로 사용되게 되었습니다.

스위프트는 삼항 연산자를 유지하지만 오브젝티브-C에서 변형되어 사용되었던 방식과는 결별했습니다. GNU C 컴파일러는 다음 구문의 축약형을 도입했습니다.

오브젝티브-C

```
value ? value : altValue;
```

위의 구문을 이렇게 쓸 수 있습니다.

오브젝티브-C

```
value ?: altValue;
```

스위프트에서는 삼항 연산자가 세 개의 피연산자를 취해야 하므로 오브젝티브-C와 같은 축약형을 쓰지 않습니다.

새로운 것

스위프트는 기존의 연산자 일부의 기능을 수정했을 뿐만 아니라, 완전히 새로운 연산자도 몇 가지를 내놓았습니다. [표 3.5]는 스위프트에서 새롭게 생긴 연산자를 정리한 것입니다.

표 3.5 새로운 스위프트 연산자

연산자 동작	동작
~	비트 NOT
..<	반 폐쇄 범위
...	폐쇄 범위
?	옵셔널 체이닝
!	강제 추출
??	nil 결합
is	타입 비교
as	타입 캐스트
as?	옵셔널 타입 캐스트
===	일치
!==	불일치
~=	패턴 일치
[]	첨자
[]=	첨자 할당

범위 연산자

범위 연산자는 반닫힌 범위 연산자(..<)와 닫힌 범위 연산자(...)입니다. 이름과 생김새는 좀 혼란스러울지 몰라도(오히려 ...이 개방이고 ..<이 반개방일 것 같지 않나요?), 범위 연산자는 쓸모가 많고 특히 for 반복문에서는 활용도가 탁월합니다.

값의 범위는 왼쪽 피연산자부터 시작해 오름차순으로 증가하고 피연산자 값을 포함합니다. 표현식 3...6은 값 3, 4, 5, 6을 포함하는 값을 의미합니다.

범위 연산자가 for-in 반복문에 사용될 때, 반복문에 사용되는 변수가 범위로 지정될 수 있는데, 오브젝티브-C의 콜렉션에서 반복되는 것과 유사합니다.

다음의 반복문은 counter의 현재 값을 네 번 출력합니다.

스위프트

```
for counter in 3...6 {
    print(counter)
}
```

반닫힌 범위 연산자도 거의 비슷하게 작동하지만 마지막 값이 범위에 포함되지 않습니다. 표현식 3 ..< 6은 3, 4, 5 값만을 포함합니다. 다음의 반복문은 카운터의 현재 값을 세 번만 출력합니다.

스위프트

```
for counter in 3 ..< 6 {
    print(counter)
}
```

다른 범위 연산자가 생산하는 값들이 도무지 기억나지 않을 때는, 반달힌 꺽쇠기호 (..<)를 떠올리세요. 오른쪽 피연산자보다 작은 값만 포함된다는 표시니까요.

옵셔널 연산자

옵셔널 체이닝(?), 강제 추출(!), nil 결합(??) 등의 옵셔널 연산자가 스위프트의 옵셔널 타입 기능을 지원하기 위해 추가되었습니다.

오브젝티브-C 개발자들에게 옵셔널 타입은 새로운 개념이기 때문에, 5장 전체를 할애하여 이 새로운 연산자가 어떻게 사용되는지 설명하겠습니다.

타입 연산자

타입 연산자는 오브젝티브-C의 연산자와 동일한 것처럼 보이지만, 쓰임새 면에서 전혀 새로운 연산자로 보아야 합니다. 연산자는 원래 영어를 기반으로 만들어졌는데도, 정말 새롭고 특이해 보입니다.

우선 소개할 is 연산자는 '타입 비교' 또는 '타입 체크' 연산자라 할 수 있습니다. is 연산자는 '&&'나 '||'처럼 이진 표현식 연산자로, is 연산자의 왼쪽 항의 타입 캐스트를 오른쪽 항에도 지정합니다. 만약 왼쪽 항이 성공적으로 캐스트하면 연산자는 true를 반환하고, 그렇지 않으면 false를 반환합니다. 왼쪽 항은 프로세스 중에 수정되지 않습니다.

이런 방식이 친숙한 느낌이 드는 것은 오브젝티브-C의 -[NSObject isKindOfClass:] 메소드의 작동 방식과 비슷하기 때문입니다. 한 단계 더 나아가서, is 연산자는 표현식을 프로토콜에 비교하는 것도 지원합니다. 그래서 오브젝티브-C의 -[NSObject conformsToProtocol:] 메소드도 대체할 수 있습니다.

오브젝티브-C의 일반적인 패턴은, 참조가 클래스의 타입인지 확인하고 해당 참조값을 다운캐스팅하는 것입니다.

오브젝티브-C

```
UIView *view = [UILabel new];
if ([view isKindOfClass:[UILabel class]]) {
    UILabel *label = (UILabel*)view;
}
```

오브젝티브-C 스타일의 타입 캐스트(UILabel *)를 사용하는 대신에, 스위프트는 as라는 이름의 새로운 연산자를 내놓았습니다. 위의 예문을 다음과 같이 쓸 수 있습니다.

스위프트

```
let view: UIView = UILabel()
if view is UILabel {
    let label = view as! UILabel
}
```

다운캐스트하려는 표현식이 올바른 타입인지 알고 있을 때에만 타입캐스트 연산자를 써야 한다는 것을 명심해야 합니다. 다운캐스트를 할 때에는 as 뒤에 '!'를 추가하여 표기합니다. 앞의 예문에서 is 연산자의 쓰임에 대해 알아봤지만, is 연산자를 다루기는 쉽지 않을 수 있습니다. 상수 if 블록은 읽고 쓰기가 꽤 성가시니까요. 다행히 as 연산자의 추가적인 형태(as?)가 있어서 옵셔널과 함께 사용할 수 있습니다. 옵셔널에 대해서는 5장에서 더 자세히 살펴 보겠습니다.

일치/불일치

등호 연산자(==)와 부등호 연산자(!=) 동작의 변화에 따른 부작용은 이들이 같은 객체를 가리킨다면 두 객체 참조가 결정하도록 비교하는 것이 이제 불가능하다는 것입니다. 이러한 한계를 극복하기 위해, 스위프트는 일치(===)와 불일치(!==) 연산자를 도입했습니다.

일치 연산자는 왼쪽과 오른쪽 표현식의 결과가 같은 객체에 해당하면 true를 반환하고 그렇지 않으면 false를 반환합니다. 불일치 연산자는 여러분의 예상처럼 정반대로 작동합니다.

패턴 일치 연산자

펄(Perl)을 사용해본 사람이라면, 스위프트의 패턴 일치 연산자 '~='와 펄의 "정규 표현식" 연산자 '=~' 사이의 유사성을 알아챘을 수 있습니다. 연산자의 생김새가 마치 정규 표현식에서 작동할 것처럼 생각되더라도(그리고 이름이 "패턴 일치" 연산자이지만), 그것은 잘못 생각한 것입니다.

기본적으로 패턴 일치 연산자가 많은 패턴 타입과 일치할 수 있지만, 정규 표현식은 거기에 속하지 않습니다. 하지만 튜플, 범위, 심지어 와일드카드를 일치시키는 데에도 사용할 수 있습니다. 가령, 오브젝티브-C에서는 값이 특정 범위 안에 있도록 하려면 다음과 같은 조건문을 쓸 것입니다.

오브젝티브-C

```
if (integerValue > 0 && integerValue < 10) {
    NSLog(@"integer value is in range 1 to 9");
}
```

스위프트의 패턴 일치 연산자를 활용해, 이제 다음처럼 쓸 수 있습니다.

스위프트

```
if 1...9 ~= integerValue {
  print("integer value is in range 1 to 9")
}
```

'~=' 연산자를 오버로딩해서 스위프트의 패턴 일치 기능을 확장할 수 있고, while 반복문에서도 이 기능을 쓸 수 있습니다. 이런 구문은 연산자가 없이도 주로 switch문에서 활용되는 것처럼 보입니다. 패턴 사용은 4장에서 더 자세히 알아 보겠습니다.

서브스크립트 연산자

애플은 배열과 리터럴 구문을 오브젝티브-C에 도입하는 동시에, 개발자들이 자신만의 데이터 구조와 유사한 구문을 적용하도록 했습니다. 바로 서브스크립트 노테이션이죠. 그리고 스위프트에서도 구현할 수 있습니다. 클래스, 구조체, 열거형에서 이러한 기능을 어떻게 사용할 것인가는 10장에서 다루겠지만, 지금은 서브스크립트 연산자 두 가지만 먼저 소개할까 합니다.

하나는 서브스크립트 연산자([])라는 것으로 주어진 파라미터에 값을 액세스할 때 사용할 수 있는데, 마치 주어진 인덱스에 배열의 값을 액세스하는 것과 같습니다. 또 하나는 서버스크립트 대입 연산자([]=)로, 주어진 파라미터에 값을 생성하고 업데이트하는 데 사용합니다. 이것은 주어진 인덱스를 위해 배열 안의 값을 설정하는 것과 같습니다.

튜플

스위프트의 튜플은 값의 목록을 포함하는 가벼운 데이터 구조체입니다. 튜플은 객체 타입과 달리 함수와 결합하지 않고, 여러 면에서 스위프트의 구조체보다는 C 언어의 구조체에 더 가깝습니다. 하지만 C 언어의 구조체와 달리, 튜플은 필요에 따라 생성되고 정의될 수 있으며, 특정 위치에 정의되거나 설명되어 있는 것이 아니라 형식적인 타입으로서 존재합니다. 형식적으로 튜플 '타입'을 생성하고 재사용하는 것이 가능하지만, 이러한 신속하고도 불명확한 특성은 곧 많은 튜플이 필요에 따라 정의되리라는 것을 의미합니다. 이것이 좋은 것일지 나쁜 것일지는 두고 봐야 할 것 같습니다.

여러분은 튜플에 무엇이든(기본 타입, 객체, 다른 튜플) 넣을 수 있고, 원하는 만큼 데이터를 크게 만들 수도 있습니다. 하지만 데이터가 커지고 복잡해질수록 튜플을 사용하기가 어려워지고, 형식적인 데이터 구조체를 사용하는 것이 더 이로울 수 있습니다.

튜플 생성과 사용

튜플을 생성하거나 구성하려면 단순히 변수나 상수를 튜플로 할당하기만 하면 됩니다.

스위프트

```
let coordinate = (3, 2)
```

튜플의 데이터를 검색하려면 멤버 접근 연산자(.)를 사용해서 원하는 값의 인덱스에 대응하는 숫자를 지정하여 참조할 수 있습니다. 위의 예문에서, coordinate은 두 개의 값을 포함하므로 인덱스는 0과 1입니다. 그러므로 coordinate.0을 사용하여 첫째 값을 액세스할 수 있고 coordinate.1로 둘째 값을 액세스할 수 있습니다.

좀 더 의미 있는 식별자를 사용하여 데이터에 액세스하기를 선호하는 경우, 튜플로 대입될 때 값에 이름을 명명할 수 있습니다. 관습대로 한다면, x와 y 좌표를 사용해 coordinate을 재정의할 수 있습니다.

스위프트

```
let coordinate = (x: 3, y: 2)
```

이제 coordinate.x와 coordinate.y를 사용하여 데이터에 액세스할 수 있습니다. 저는 이 방법이 훨씬 직관적이라고 생각합니다.

튜플 구조체로 뛰어드는 대신, 튜플로부터 여러분이 지정한 변수로 개별 값을 할당하는 '분해'라고 알려진 기법을 사용할 수 있습니다.

스위프트

```
let (x, y) = coordinate
```

이제 변수 x와 y는 좌표의 첫째 값과 둘째 값을 얻을 것입니다.

x의 값이 무엇이 될지 상관없다면, 스위프트에서는 x 대신 사용될 수 있는 와일드카드 변수(_)를 쓸 수 있습니다. 그 값은 추출된 후 버려집니다.

스위프트

```
let (_, y) = coordinate
```

4장의 '스위치' 부분에서 와일드카드에 대해 더 자세히 알아 보겠습니다.

튜플 재사용

간단한 데이터 구조를 가지고 튜플을 모델링할 수도 있지만, 타입 지정을 선호하는 경우에도 해결책이 있습니다. 스위프트에서는 typealias가 C 언어의 typedef 역할을 하며, 타입에 다른 이름을 지정하는 데 사용됩니다. 이 기능은 특히 이름이 없는 튜플을 가지고 있을 때 유용합니다.

좌표계에 한 차원을 더 만들고 동시에 이름도 지정하려면, 다음과 같이 합니다.

스위프트

```
typealias ThreeDCoordinate = (x: Int, y: Int, z: Int)
let originPoint: ThreeDCoordinate = (0, 0, 0)
```

함수를 정의할 때 타입 별칭을 타입으로 사용하거나, 더 복잡한 데이터 구조체에서 속성을 생성할 때 타입 별칭을 사용할 수도 있습니다.

마무리

이 장의 내용이 어려웠나요? 걱정하지 마세요. 어떤 언어든지 기본에 익숙해지는 것은 고급 내용을 이해하는 데 필수적입니다. 다음 장에서는 코딩 과정에서 의사결정을 할 수 있는 스위프트의 제어 구조에 관해서 더 자세히 알아 보겠습니다.

4장
제어 구조

데이터를 다룰 때 완전히 순차적으로 작업하는 것은 어렵습니다. 그래서 모든 프로그래밍 언어에서는 제어구조가 필수입니다. 외견상으로는 스위프트의 제어 구조가 오브젝티브-C의 제어구조와 같아 보여도, 좀 더 자세히 들여다보면 여러 측면에서 기존의 기능보다 월등하다는 것을 알 수 있습니다.

전반적인 변경 사항

스위프트에는 오브젝티브-C와 유사하게 다섯 가지의 주요 제어 구조가 있습니다.

- ▶ for-in 반복문
- ▶ while과 repeat-while 반복문
- ▶ if 조건부 블록
- ▶ switch 조건부 블록
- ▶ guard 조건부 블록

위 다섯 가지 중 일부는 오브젝티브-C 언어와 유사한 방식으로 작동하지만 알아두어야 할 중요한 차이점이 몇 가지 있습니다.

소괄호는 선택 사항

if, for, while 구조체의 조건부에 사용하던 소괄호는 더 이상 필수사항이 아닙니다. 마찬가지로 switch문을 감싸던 소괄호도 이제 필요 없습니다.

다음은 if 반복문입니다.

오브젝티브-C

```
if (i < 3) { ... }
```

이제는 다음과 같이 문장 부호를 간략하게 사용하여 작성할 수 있습니다.

스위프트

```
if i < 3 { ... }
```

중괄호는 필수

스위프트에서는 제어 구조 블록의 실행 내용이 한 줄인 경우에도 중괄호를 반드시 써야 합니다. 오브젝티브-C의 if문에서는 중괄호 삭제가 가능했죠.

오브젝티브-C

```
if (number < 0)
    NSLog(@"Negative number");
else if (number > 0)
    NSLog(@"Positive number");
else
    NSLog(@"Zero");
```

스위프트에서는 반드시 중괄호를 써야합니다.

스위프트

```
if number < 0 {
    print("Negative number")
} else if number > 0 {
    print("Positive number")
} else {
    print("Zero")
}
```

중괄호를 반드시 사용해야 하므로 if문을 한 줄로 간단히 쓰기 좋아하는 개발자들은 귀찮다고 여길 수도 있지만, 중괄호로 코드를 더 안전하게 만들 수 있습니다.

부울 조건부

C 언어(오브젝티브-C도) if 조건문의 작동방식은 아주 간단하게 요약할 수 있습니다. 표현식이 true이면 if 블록이 실행됩니다. true로 평가되는 표현식이 여러 가지이기 때문에 혼란스러울 수 있습니다. 아래 목록은 true로 평가되는 다양한 표현식입니다.

▶ true로 평가되는 부울 표현식

▶ YES로 평가되는 부울 표현식

▶ 논제로(nonzero) 숫자값 (양수 또는 음수)

▶ nil이 아닌 객체 포인터

▶ NULL이 아닌 포인터

위와 같이 표현식이 다양하기 때문에, 오브젝티브-C에서는 코드 테스트를 쉽게 하기 위해 다음과 같이 논제로 숫자를 사용하는 것이 일반적입니다.

오브젝티브-C

```
if (integerValue) {
    // 제로가 아니면 동작 실행
}
```

스위프트는 동작을 정의하는 프로토콜에 많이 의존하는데, 그 중 하나가 부울 타입(Boolean-Type)입니다. 표현식이 부울 타입 프로토콜 요구 조건을 만족하면 조건문으로만 사용할 수 있게 됩니다. 그런데 아무리 단순한 int라도 프로토콜 요구 조건을 자동으로 만족시키지는 못합니다. 따라서 조건문을 쓰려면 테스트하려는 것이 정확히 무엇인지 구체적이고 정확해야 합니다.

스위프트

```
if integerValue != 0 {
    // 제로가 아니면 동작 실행
}
```

처음에는 어려워 보이겠지만 실제로는 프로그래밍 규칙을 배우기 아주 좋은 방법입니다. 논제로 숫자가 true라는 사실에 개발자가 의존한다는 것은 프로그래밍 언어가 개발자의 의중을 정확하게 알고 있다고 가정하는 것입니다. 숫자처럼 명확한 것이라면 코드 리더가 개발자의 의중을 알 수 있겠지만, enum이나 다른 타입으로 작업할 때에도 코드 리더기가 이해할 것으로 가정하는 것은 문제가 될 수 있습니다. 안정성을 위한 스위프트의 핵심 원칙은 이러한 변화들에서 시작되었습니다. 조건부들을 좀 더 명확하게 만들어서 조건부 오용과 원치 않는 결과물을 얻을 가능성을 줄이는 것이죠.

지금까지는 전반적인 차이점을 다루었고, 이제 네 가지 제어 구조에 대해 좀 더 자세히 알아봅시다.

반복문

오브젝티브-C처럼 스위프트도 두 가지 반복문이 있습니다. for문과 while문입니다. 초창기 for문에는 이니셜라이저, 조건부, 증가(increment) 표현식의 형태로 사용되는 전통적인 C 언어 스타일의 for문과, 콜렉션이나 반복 가능한 구성체도 쓸 수 있는 현대적인 for-in문이 있었으나 전통적인 C 언어 스타일의 for문은 현재 삭제되었습니다. while문은 조건부-블록 실행을 지원하고 repeat-while문은 블록-조건부 실행을 지원합니다.

FOR-IN문

스위프트에서 for-in 반복문은 변화가 큽니다. for-in은 오브젝티브-C에서 빠른 열거형(fast enumeration)과 함께 도입되었으며 NSFastEnumeration 프로토콜를 구현하는 모든 클래스에서 사용 가능합니다. NSEnumerator에 기초한 모든 클래스가 NSFastEnumeration에 부합하더라도 오브젝티브-C 개발자들은 NSArray, NSSet, NSDictionary 콜렉션과 함께 for-in 반복문을 가장 많이 사용합니다.

스위프트에서 NSFastEnumeration 프로토콜에 해당하는 것이 SequenceType인데, SequenceType에 부합하는 것이라면 뭐든지 반복 가능합니다. 아시다시피 디폴트 콜렉션(배열과 딕셔너리 그리고 세트)도 마찬가지이며 몇 가지 다른 타입들도 프로토콜을 구현합니다.

▶ Foundation 콜렉션 타입 : 이미 잘 알려지고 많이 사용되고 있는 콜렉션 타입들이 스위프트에서 반복 가능한 콜렉션으로 동작하게 만들었다

▶문자열 : 문자열은 사실상 문자로 된 콜렉션으로, 스위프트의 문자열 타입은 문자들이 문자열에서 반복되도록 지원한다

▶반닫힌 영역 및 닫힌 영역 : 두 영역 모두 for-in 반복문에서 정수의 콜렉션으로서, 해당 콜렉션 안에 있는 항목들이 반복되게 한다

▶stride : 스위프트의 stride 함수는 변경이 가능한 증가 범위나 내림차순 등의 복잡한 범위를 만들 때 사용할 수 있다

for-in 반복문과 범위(range)를 같이 사용할 수 있다면 전통적인 for 반복문을 사용할 이유가 없습니다. 예전에는 열 번 반복되는 구문을 실행하려면 다음과 같이 해야 했습니다.

오브젝티브-C

```
for (var i = 1; i <= 10; i++) { ... }
```

이제는 for-in문과 범위 연산자로 다음처럼 할 수 있습니다.

스위프트

```
for i in 1...10 { ... }
```

이렇게 하면 가독성이 향상되고 off-by-one 오류가 줄어듭니다. 변수 이름을 짓느라 진땀을 빼던 개발자라면 변수가 무엇이든 상관없다는 표시인 와일드카드 표현식을 사용할 수 있습니다.

스위프트

```
for _ in 1...10 { ... }
```

독자적인 객체 타입을 반복 가능하게 하고 싶다면 SequenceType 프로토콜을 구현해야 합니다. 프로토콜은 13장에서 자세히 다루겠습니다.

WHILE문과 REPEAT-WHILE문

오브젝티브-C와 스위프트의 while문과 repeat-while문은 크게 다르지 않습니다. 그리고 스위프트의 repeat-while은 오브젝티브-C의 do-while문과 같습니다. 앞서 설명한 전반적인 변경 사항들(조건, 소괄호, 중괄호) 외에 한 가지 차이점이 있다면 조건부 표현식에서 != nil 테스트 대신 옵셔널 바인딩을 사용한다는 것입니다. 예를 들어, superview 속성이 nil일 때 도달하는 the top most view를 결정하기 위해 UIView 계층을 아래에서 위로 차례로 살펴보고 싶다면 오브젝티브-C에서는 아래와 같이 할 것입니다.

오브젝티브-C

```
UIView *currentView = aView;

while (currentView.superview != nil) {
    currentView = currentView.superview;
}
```

스위프트의 옵셔널 바인딩을 사용하면 대신 이런 코드를 사용할 수 있습니다. 코드에 물음표가 많다고 이상하게 생각하지 마세요. 옵셔널과 옵셔널 바인딩은 5장에서 소개하겠습니다.

스위프트

```
var possibleView: UIView? = aView
while let actualView = possibleView?.superview {
    possibleView = actualView
}
```

조건문

오브젝티브-C와 마찬가지로 스위프트의 조건부에는 세 가지 유형이 있습니다. 하나는 우리에게 익숙한 if문이고 다른 하나는 guard문, 그리고 마지막으로 새롭게 바뀐 switch문입니다.

IF문

while 반복문과 마찬가지로, 스위프트의 if 조건문도 오브젝티브-C의 if 조건문과 거의 비슷하게 동작합니다. 스위프트의 if문은 다른 제어문들과 마찬가지로 소괄호와 중괄호 사용법이 바뀌었고 BooleanType에 부합하는 조건부 표현식을 사용해야 합니다. 또 while문과 마찬가지로 현재 값이 nil인 옵셔널 변수에 대비하기 위해 if문을 옵셔널 바인딩과 함께 사용할 수 있습니다.

GUARD문

guard문은 스위프트 2.0부터 새로 도입된 조건부 구문입니다. 필수 조건을 보호하는 역할을 하며 조건에 만족하지 않을 경우 실행을 중지하기 위한 목적으로 사용됩니다. 따라서 대부분 guard문은 함수 안에서 사용되며 실행을 중지하기 위해 return문과 같은 흐름 제어 구문과 함께 사용됩니다.

if 조건문과 흡사하며 서로 전환해서 구현할 수 있지만, guard문은 코드의 깊이를 늘리지 않는다는 점에서 조건 체크를 할 때 유용하게 사용됩니다.

```
guard i != 0 else {
    return
}

print(100 / 0)
```

SWITCH문

아마도 모든 흐름 제어문 중에서 가장 많이 변한 것이 switch일 것입니다. switch는 오브젝티브-C에서 일련의 if문을 작성하는 대안으로 도입되었습니다. 다음 if문의 진행 과정의 예를 보죠.

오브젝티브-C

```
if (i == 1) {
    // React to i == 1
} else if (i == 2) {
    // React to i == 2
} else if (i == 3) {
    // React to i == 3
} else {
    // 다른 모든 경우 처리
}
```

switch문은 구현 방식이 약간 다르죠.

오브젝티브-C

```
switch (i) {
    case 1:
        // React to i == 1
        break;
    case 2:
        // React to i == 2
        break;
    case 3:
        // React to i == 3
        break;
    default:
        // 다른 모든 경우 처리
}
```

스위프트에서는 switch문이 작동하는 방식에 두 가지 큰 변화가 생겼는데 그 변화들로 인해 switch의 기능이 한층 향상되었습니다. 정수 값뿐만 아니라 다른 유형의 데이터도 사용할 수 있게 되고 패턴 일치 기법도 사용할 수 있게 되었죠. 또 switch를 사용할 때 오류를 줄이기 위해 소소한 몇 가지 변화도 생겼습니다.

정수, 그 너머의 세계로!

switch문이 정수를 다루기에는 편리하지만, 숫자 형태의 데이터가 아닐 경우에는 if 구문을 사용해야 했습니다. 이는 개발자들에게 불편한 일이었죠.

문자열

아마도 가장 필요했던 기능 하나가 바로 문자열 대조 기능일 것입니다. 오브젝티브-C에서 사용하는 일반적인 패턴은 다음과 같습니다.

오브젝티브-C

```objectivec
if ([stringValue isEqualToString:@"MatchA"]) {
    // Handle for "MatchA"
} else if ([stringValue isEqualToString:@"MatchB"]) {
    // Handle for "MatchB"
} else {
    // 다른 모든 가능성 처리
}
```

스위프트에서는 다음과 같이 간단해졌습니다.

스위프트

```swift
switch stringValue {
    case "MatchA":
        // Handle for MatchA
    case "MatchB":
        // Handle for MatchB
    default:
```

```
        // 다른 모든 가능성 처리
}
```

두 코드의 길이는 별반 차이가 없지만 stringValue 변수를 한 번만 입력해도 되므로 리팩토링이 쉽고 안전하며, 스위프트 코드 블록이 오브젝티브-C보다 코드를 훑어보면서 이해하기 훨씬 쉽습니다.

열거형

오브젝티브-C에서는 enum을 사용하는 switch문의 사용이 프로그램 개발에 없어서는 안 될 요소입니다. 따지고 보면 오브젝티브-C에서 enum은 '코드화된' 정수에 불과하고 switch는 정수만 이해하기 때문입니다.

하지만 스위프트에서는 열거형이 객체 유형이므로, 이제 일반 정수만을 고집할 필요가 없어졌습니다. 10장에서 열거형에 대해 자세히 알아볼 예정이니 지금은 근본적인 값이 정수만큼 간단해질 수도, 구조체나 객체만큼 복잡해질 수도 있다는 것만 알아두시거나 아니면 그냥 모르셔도 됩니다! 고맙게도 스위프트가 다 알아서 해주니까요.

테이블 뷰로 작업을 해본 iOS 개발자라면 UITableViewCellAccessoryType 열거형이 익숙할 것입니다. 셀 액세서리(cell accessory) 타입의 값을 확인하고 그 값에 따라 다른 동작들을 실행하고 싶다면 다음과 같이 하면 됩니다

스위프트

```
var cell = UITableViewCell()
switch cell.accessoryType {
    case UITableViewCellAccessoryType.none:
        print("None")
    case UITableViewCellAccessoryType.disclosureIndicator:
```

```
        print("Disclosure Indicator")
    case UITableViewCellAccessoryType.detailDisclosureButton:
        print("Disclosure Button")
    case UITableViewCellAccessoryType.checkmark:
        print("Checkmark")
    case UITableViewCellAccessoryType.detailButton:
        print("Detail Button")
}
```

범위

오브젝티브-C에서 if문이 switch문보다 나은 점은 숫자 범위(number range)를 사용할 수 있다는 것입니다. 하나 이상의 값에 기초하여 각각 다른 코드를 실행하고 싶다면 if문만이 유일한 방법입니다. 예를 하나 보죠.

오브젝티브-C

```
NSString *grade;
NSUInteger testScore = getTestScore();
if (testScore >= 0 && testScore < 40) {
    grade = @"F";
} else if (testScore >= 40 && testScore < 60) {
    grade = @"C";
} else if (testScore >= 60 && testScore < 80) {
    grade = @"B";
} else {
    grade = @"A";
}
```

이번 장 앞 부분에서 스위프트의 숫자 범위 개념과 특히 반닫힌 범위, 닫힌 범위에 대해 알아보았습니다. 스위프트에서는 범위와 switch문을 사용해 위 내용을 간단하게 구현할 수 있습니다.

```
var testScore = getTestScore()
var grade = ""
switch testScore {
    case 0..<40: grade = "F"
    case 40..<60: grade = "C"
    case 60..<80: grade = "B"
    default: grade = "A"
}
```

switch문은 부동 소수점 숫자(실수), 옵셔널, 객체 타입을 비롯해서 스위프트의 다른 기본 데이터 타입과 함께 사용될 수 있습니다. 하나의 타입을 switch문과 함께 사용 가능하다는 것이 의심스럽다면 새로운 플레이그라운드를 만들어서 한번 시도해 보세요. 뜻대로 되지 않아도 패턴 일치가 있기 때문에 걱정할 필요는 없습니다.

패턴 일치

3장에서 패턴 일치 연산자 (~=)를 간략하게 다루면서 패턴 일치는 switch와 함께 쓸 때 아주 유용하다고 강조한 바 있습니다. 패턴 일치 연산자는 조건문에도 은근슬쩍 추가되었습니다. 일치시킬 수 있는 패턴 유형이 다양한데 그중 범위에 대해서는 이미 앞에서 살펴보았죠. 여기서는 튜플과 와일드카드처럼 더 다양한 타입을 알아보고 where절과 값 바인딩에 대해서도 살펴보겠습니다.

튜플

3장에서 언급했다시피 튜플은 좌표 한 쌍이나 좌석 배치표, 숫자 목록과 같이 순서가 있는 데이터의 단순한 집합입니다. 튜플은 미리 정의할 필요가 없으므로 이질적인 데이터들에서 튜플을 조합하여 복합적인 논리 결정을 내릴 수 있습니다. 예를 들어, 테이블 뷰(table view)에서 차지하는 위치를 바탕으로 UITableViewCells를 사용자 지정하는 다음의 코드를 한번 생각해보죠.

오브젝티브-C

```
if (indexPath.section == 0) {
    // section 0에 있는 모든 셀을 같은 방식으로 변경
} else if (indexPath.section == 1) {
    if (indexPath.row == 0) {
        // section 1 나머지와 구분되는 row 0에 있는 셀 변경
    } else {
        // section 1에 남은 셀을 같은 방식으로 변경
    }
} else if (indexPath.section == 2) {
    if (indexPath.row == 3 || indexPath.row == 4 || indexPath.row == 5) {
        // section 2와 구분되는 row 3,4,5에 있는 셀 변경
    } else {
        // section 2에 남은 셀을 같은 방식으로 변경
    }
} else {
    if (indexPath.row == 0) {
        // 나머지 section과 구분되는 다른 section에 있는 row 0 변경
    } else {
        // 다른 모든 section에 남은 셀을 같은 방식으로 변경
    }
}
```

지금은 그리 어려워 보이지 않아도 시간이 지나 셀의 개수와 기능의 종류가 늘어나면, 중첩 if문 집합의 가독성이 떨어지고 디버그나 유지도 어려워집니다. 튜플을 일치시키는 스위프트의 기능을 이용하면 코드를 중첩되지 않는 형태로 재구현할 수 있습니다.

스위프트

```
switch (indexPath.section, indexPath.row) {
    case (0, 0):
```

```
            print("Configuring one row in section 0")
        case (1, 0):
            print("Configuring cell in row 0 distinct from the rest of section 1")
        case (1, 1):
            print("Configuring cell in row 1 distinct from the rest of section 1")
        case (2, 0):
            print("Configuring general cell in section 2")
        case (2, 1):
            print("Configuring general cell in section 2")
        case (2, 2):
            print("Configuring general cell in section 2")
        case (2, 3):
            print("Configuring cells in rows 3, 4, and 5 distinct from rest of section 2")
        case (2, 4):
            print("Configuring cells in rows 3, 4, and 5 distinct from rest of section 2")
        case (2, 5):
            print("Configuring cells in rows 3, 4, and 5 distinct from rest of section 2")
        case (2, 6):
            print("Configuring general cell in section 2")
        case (3, 0):
            print("Configuring cell in section 3")
        case (4, 0):
            print("Configuring cell in section 3")
}
```

이렇게 코드를 쓰면 눈에 잘 들어온다는 장점이 있습니다. 하지만 불행히도 위의 코드는 그대로 쓸 수 없습니다. 새로운 열(row)과 섹션이 추가되면 지속적으로 업데이트 해줘야 하기 때문입니다. if문의 조건부 논리, 특히 else 블록의 조건부 논리가 생략되었습니다. 다행히도 와일드카드라는 해결책이 있습니다.

와일드카드

와일드카드 패턴은 앞서 공부한 for 반복문을 다룰 때, 계속 반복되는 값을 생략하려고 와일드카드를 쓰면서 잠깐 만난 적이 있죠. 튜플이나 단일 명령문으로 입력 값 전체를 일치시키는 case 구문에도 와일드카드 패턴을 쓸 수 있습니다. 와일드카드 연산자(_)는 case문에 제공되는 튜플의 모든 위치에서 사용할 수 있으며 이는 table section 같이 논리 그룹을 하나로 뭉칠 수 있다는 것을 의미합니다.

스위프트

```
switch (indexPath.section, indexPath.row) {
  case (0, _):
    print("Configuring section 0")
  case (1, 0):
    print("Configuring cell in row 0 distinct from the rest of section 1")
  case (1, _):
    print("Configuring remaining cells in section 1 the same way")
  case (2, 3):
    print("Configuring cells in rows 3, 4, and 5 distinct from rest of section 2")
  case (2, 4):
    print("Configuring cells in rows 3, 4, and 5 distinct from rest of section 2")
  case (2, 5):
    print("Configuring cells in rows 3, 4, and 5 distinct from rest of section 2")
  case (2, _):
    print("Configuring remaining cells in section 2 the same way")
  case (_, 0):
    print("Configuring row 0 in any other sections distinct from the rest of the section")
  case (_, _):
    print("Configuring remaining cells in any other sections the same way")
}
```

와일드카드 연산자 사용 시 다중 case문을 통해 짝지어진 그룹이 하나라면 첫 번째 case를 통해 나온 그룹이 그 그룹입니다. 만약 마지막 엔트리(더블 와일드카드와 같이)를 어딘가 다른 곳에 놓았다면 논리에 부정적인 영향을 끼칠 것입니다. 사용하는 패턴 일치 유형과 상관없이 case문을 가장 구체적인 것에서 가장 구체적이지 않은 것 순으로 정렬해보세요!

코드의 가독성이 좋아지기는 했지만 불행히도 섹션 2의 3,4,5 열을 다루는 데 약간의 중복이 발생합니다. 스위프트에서는 범위를 튜플과 와일드카드와 조합하여 함께 사용할 수 있습니다. 3,4,5열을 처리하기 위해 범위를 사용함으로써 코드를 좀 더 관리하기 쉬운 버전으로 리팩토링(refactoring) 할 수 있습니다. 다음 코드에서 강조된 열이 세 개의 case문를 대체합니다.

스위프트

```
switch (indexPath.section, indexPath.row) {
    case (0, _):
        print("Configuring section 0")
    case (1, 0):
        print("Configuring cell in row 0 distinct from the rest of section 1")
    case (1, _):
        print("Configuring remaining cells in section 1 the same way")
    case (2, 3...5):
        print("Configuring cells in rows 3, 4, and 5 distinct from rest of section 2")
    case (2, _):
        print("Configuring remaining cells in section 2 the same way")
    case (_, 0):
        print("Configuring row 0 in any other sections distinct from the rest of
        the section")
    case (_, _):
        print("Configuring remaining cells in any other sections the same way")
}
```

값 바인딩

개발자들은 대개 조건문에서, 결정을 내리는 데에 쓰일 값에 접근하고 싶어 합니다. 테이블 뷰 셀을 통한 예시에 대해 계속 언급하자면 개발자들은 실제로 마지막 case문에서 와일드카드 패턴으로 처리한 열과 섹션 숫자들을 알고 싶어 할지도 모릅니다. 개발자는 셀에 열과 섹션의 숫자들을 나타내고 싶어 합니다.

물론 이 값들은 이미 indexPath.row와 indexPath.section의 form에서 가능하지만 스위프트와 UIKit은 여전히 사용하기 불편한 0에서부터 시작하는 인덱스를 사용합니다. case문 블록의 일부로써 indexPath에 기반하는 새로운 값을 생성하는 것이 가능하기는 하지만, 값 바인딩이라는 스위프트의 기능을 사용할 수도 있습니다. 이러한 방법으로 case문의 값들을 임시적인 변수나 좁은 범위의 상수로 묶어둘 수 있습니다.

자, 이제 값 바인딩을 사용하여 마지막 case문을 다시 작성할 수 있습니다.

스위프트

```swift
switch (indexPath.section, indexPath.row) {
    case (0, _):
        print("Configuring section 0")
    case (1, 0):
        print("Configuring cell in row 0 distinct from the rest of section 1")
    case (1, _):
        print("Configuring remaining cells in section 1 the same way")
    case (2, 3...5):
        print("Configuring cells in rows 3, 4, and 5 distinct from rest of section 2")
    case (2, _):
        print("Configuring remaining cells in section 2 the same way")
    case (_, 0):
        print("Configuring row 0 in any other sections distinct from the rest
        ↪ of the section")
    case (var section, let row):
        section += 1
        print("Configuring cell \(row + 1) in section \(section)")
}
```

변수에 할당하는 방법을 쓰면 switch문에 전달된 기존의 튜플을 변경하지 않고도 섹션을 수정할 수 있습니다.

유념할 점은 와일드카드 연산자가 case문에 포함되지 않아도 같은 동작을 유지한다는 사실입니다. 와일드카드 연산자는 중요하지 않은 일회용 변수쯤으로 볼 수 있습니다. 반면에 값 바인딩에 쓰인 값은 계속 신경을 써야 합니다.

Where절

튜플, 범위, 와일드카드를 추가해도 언어의 유연성이 충분치 못했는지, 스위프트는 case문에 where절을 포함하는 기능을 제공하여 언어의 기능을 하나 더 추가했습니다.

table view를 구현할 때 또 다른 일반적인 사용 사례는 색깔을 입힌다든지 checkmark disclosure indicator를 사용하든지 해서 상태를 나타내는 셀을 강요해 줄 필요가 있는 경우입니다. 끝나지 않을 듯한 예시를 보면, 별도로 관리되는 Index Path 배열에 속한 Index Path라면, 마지막 case의 섹션들은 강조될 것입니다.

마지막 case문에서 중첩 조건문을 사용할 수 있습니다. 아니면 case문의 복사본을 만들고 원래 case문에서 where절을 사용해도 됩니다. 명심할 점은 case문을 가장 구체적인 것에서 가장 구체적이지 않은 순으로 나열해야 한다는 것입니다. where절은 일반적인 조건문 표현식을 취하고, switch문 외부에서 또 case문 내부의 값 바인딩에서도 변수와 상수를 사용할 수 있습니다.

where절을 사용한 코드는 다음과 같습니다.

스위프트

```
switch (indexPath.section, indexPath.row) {
    case (0, _):
        print("Configuring section 0")
```

```
        case (1, 0):
            print("Configuring cell in row 0 distinct from the rest of section 1")
        case (1, _):
            print("Configuring remaining cells in section 1 the same way")
        case (2, 3...5):
            print("Configuring cells in rows 3, 4, and 5 distinct from rest of section 2")
        case (2, _):
            print("Configuring remaining cells in section 2 the same way")
        case (_, 0):
            print("Configuring row 0 in any other sections distinct from the rest
            → the section")
        case (var section, let row) where contains(highlightedIndexPaths, indexPath):
            section += 1
            print("Configuring highlighted cell \(row + 1) in section \(section)")
        case (var section, let row):
            section += 1
            print("Configuring cell \(row + 1) in section \(section)")
    }
```

커스텀 패턴 일치

특수한 상황은 항상 일어날 수 있기에, 스위프트는 패턴 일치 (~=) 연산자를 오버로드하여 커스텀 패턴 일치 동작을 생성하는 기능을 제공합니다. String 객체와 Int을 비교하거나 커스텀 타입끼리 비교하려면, 두 타입을 비교할 수 있는 방안을 독자적으로 만들어야 하겠죠. 연산자 오버로딩에 관한 자세한 설명은 14장을 참고하세요.

안전성

switch문에서 개선된 것은 편리함만이 아닙니다. 스위프트를 더 안전한 프로그래밍 언어로 만들기 위해 switch문의 안전성도 개선되었습니다.

① 자동으로 fall through 되지 않는다

이것이 오브젝티브-C와 스위프트의 동작에서 가장 핵심적인 변화입니다. 이번 장의 예를 보면 코드에 break문을 쓰지 않았다는 것을 알 수 있습니다. C 언어나 오브젝티브-C와 달리, 스위프트는 코드가 자동으로 하나의 case에서 다른 case로 fall through하도록 허용하지 않습니다. case 블록의 끝에 fall through 키워드를 넣어줘서 fall through 동작을 명확하게 요청해야 합니다. C 언어나 오브젝티브-C 개발자들은 곧잘 실수로 break문을 누락해 애를 먹습니다. 하지만 break문을 누락했다고 해서 실제로 오류가 발생하는 경우는 드뭅니다. 단지 꼬인 데이터 문제를 디버깅하느라 시간을 잡아먹을 뿐이죠.

② 다중 조건들이 하나의 case에 적용될 수 있다

스위프트에서는 fall through 자동 동작 기능이 없으므로 다중 case 조건들을 콤마로 구분해서 하나 이상의 열에 그룹 지을 수 있습니다. 1, 3, 5 중에 한 값만 충족해도 된다는 뜻으로 case 1,3,5:를 사용할 수 있습니다. 이것은 다음의 예처럼 코드를 여러 줄 쓰는 것보다 효율적입니다. 예시 코드에 문제가 있는 것은 아니지만 스위프트에서 사용하면 위험합니다. 실수로 한 열에서 fall through 키워드를 없애면 여러 개의 조건이 깨질 수 있기 때문입니다.

스위프트

```
case 1:
    fallthrough
case 3:
    fallthrough
case 5:
    // Action
```

③ case 목록은 반드시 모든 데이터를 포함해야 한다

case가 모두 실행될 수 없는 조건(즉, case 중 하나는 분명히 실행될 수 있는 조건이어야 합니다)으로 switch문의 작성은 불가능합니다. 컴파일러가 그런 상황을 발견할 경우 컴파일러는 이것을 오류로 기록합니다. 와일드카드를 사용하거나 default case를 사용하여 나올 수 있는 모든 값 또는 값들의 집합을 위한 case를 분명히 작성해두면 이런 오류를 피할 수 있습니다.

마무리

제어문이 프로그래밍에서 얼마나 중요한지 생각해보면 스위프트의 주요 변화, 특히 switch문의 변화가 그리 놀라운 일은 아닙니다. 언어의 기능이 더 나아진 것은 사실이지만 어떤 기능은 당분간 '스타일 가이드'로 의견분쟁이 발생할 수도 있겠죠. 어찌 되었든 일부 구조에서 안정성과 편리성이 개선된 것은 매우 반가운 일입니다.

다음 장에서는 옵셔널에 대해 알아 보겠습니다. 옵셔널을 사용하려면 항상 써오던 코드는 이제 잊어야 할지도 모르지만, 옵셔널은 분명 소스를 더욱 간결하고 읽기 쉽게 해주는 새로운 기능입니다.

5장
옵셔널

옵셔널은 값을 가질 수도 있고, 가지지 않을 수도 있기 때문에 일반적인 변수나 상수와는 다릅니다. 애플이 스위프트의 기능을 처음 소개했을 때 오브젝티브-C 개발자들이 가장 어려워한 기능이 바로 옵셔널입니다. 왜일까요? 몇 가지 이유가 있습니다.

- 오브젝티브-C에 이미 옵셔널 변수가 있다는 오해. 포인터에 nil을 할당하는 것이 가능하고 그게 옵셔널을 만든다고 생각하셨나요? 아닙니다!
- 옵셔널 변수가 있기 때문에 논-옵셔널(non-optional) 변수도 있어야 한다는 생각.
- nil 키워드의 아주 미묘한 재정의. 오브젝티브-C에서 nil 값을 가지고 있는 포인터는 여전히 값을 가지고 있지만 그 값은 코드화된 의미가 있습니다. 스위프트에서는 nil 키워드가 코드화된 값을 나타내지 않으며 이는 곧 변수에 값이 없다는 뜻입니다.
- 스위프트 코드에는 물음표가 하도 많아서 배트맨에게 온갖 수수께끼를 내며 괴롭히는 악당 리들러가 코딩하는 중인가 싶을 정도입니다.

어떤 이유에서건, 옵셔널은 애플 프레임워크의 중요한 일부이고 절대로 옵션이 아닌 필수기능입니다. 본격적으로 옵셔널에 대해 알아봅시다!

옵셔널이 왜 필요할까?

옵셔널이 초기에 생성될 때는 값을 가지고 있지 않습니다(nil로 나타나죠). 옵셔널에 값을 대입하면 저장되어 있다가 나중에 옵셔널을 사용할 때 값으로서 제공됩니다. nil(값이 없음)을 할당하면 기존의 값은 없어집니다.

반대로 논-옵셔널은 반드시 값을 가지고 있어야 합니다. 논-옵셔널은 생성할 때 nil이 아닌 값을 반드시 할당해야 합니다. 이것이 불필요해 보일 수도 있지만 값이 nil이 아님을 확인하는 관용적 코드를 삭제할 수 있으므로 이점이 더 많습니다.

오브젝티브-C 코드는 사용 전에 포인터가 nil이 아님을 확인하려고 여기저기 조건부 테스트를 써 놓아 너저분합니다. 변수나 상수가 논-옵셔널 타입임을 알고 있으면 nil 테스트를 생략한 채 값을 사용할 수 있고, 컴파일러가 값이 nil로 설정되도록 허용하지 않는다는 것을 알기 때문에 안심할 수 있습니다.

서드파티 API와 프레임워크(애플 프레임워크도 포함해서)를 사용하더라도 마찬가지입니다. 메소드가 논-옵셔널을 반환한다고 정의되어 있다면, 값이 없는지 걱정할 필요 없이 메소드를 사용할 수 있습니다. 게다가 API 제공자가 메소드가 옵셔널을 반환하도록 변경하려 해도 컴파일러에서 개발자가 옵셔널을 논-옵셔널로 사용한다는 것을 감지하고는 오류를 띄울 것입니다.

반대로 개발자가 API 제공자라면 논-옵셔널 값을 전달받는 메소드를 독자적으로 정의할 수 있으므로 nil 파라미터가 전달되는지 확인하는 관용적 코드는 생략할 수 있습니다.

옵셔널 선언

타입 이름 끝에 물음표(?)를 추가하여 모든 타입의 옵셔널 변수를 생성할 수 있습니다. Int의 옵셔널 변수를 생성하는 방법은 다음과 같습니다.

스위프트

```
var optional: Int? = 0
```

물음표를 추가하면 컴파일러와 코드 관리자는 변수나 상수가 값을 지닐 수 있는지 아닌지를 알 수 있습니다.

옵셔널 사용하기

옵셔널 사용 시 컴파일러의 요구 사항이 많기 때문에 상당한 관리가 필요합니다. 옵셔널 값이 있고 그 값을 또 다른 옵셔널 변수나 상수에 할당하고 싶다면 선언과 동시에 값을 할당해줄 수 있습니다.

스위프트

```
var optional: Int? = 0
var anotherOptional: Int?
anotherOptional = optional
```

옵셔널을 파라미터로 취하는 함수에 파라미터를 전달하고자 할 때에는 옵셔널이 현재 값을 갖는지 아닌지는 신경쓰지 않아도 됩니다. 하지만 값이 요구되는 곳에 옵셔널을 사용하려면(예를 들어 논-옵셔널로 할당하거나 옵셔널 객체의 메소드를 호출하려고 하는 경우) 추가적인 작업이 필요합니다. 오브젝티브-C에서는 nil 객체 포인터로 메시지를 보내지만, 스위프트에서 같은 방식으로 작업하면 런타임 크래시가 발생합니다. 스위프트 컴파일러가 크래시 발생을 어느 정도 방지하기는 하지만 여전히 크래시가 발생할 가능성이 있습니다.

추출

자, 눈앞에 옵셔널 변수가 있고 그 옵셔널 변수를 같은 타입의 논-옵셔널 값이 있는 곳에 사용하는 상황을 가정해봅시다. 예를 들어 message로 명명된 옵셔널 String 변수가 있는데 이를 제대로 대문자화하여 정리하고자 하는 상황입니다. String 타입에는 이런 상황에 사용할 수 있는, capitalized로 명명된 속성이 있어서 다음과 같은 코드를 생각해볼 수 있습니다.

스위프트

```
var message: String? = "hi there"
let tidyMessage = message.capitalized
```

하지만 스위프트 컴파일러는 이런 코드를 좋아하지 않습니다. 컴파일러는 타입 String과 String?를 구별하는데, 유감스럽게도 옵셔널 타입에는 capitalized로 명명된 속성이 없습니다. 사실 옵셔널 타입에는 속성이나 메소드가 많지 않고, 옵셔널이 가장 잘하는 일이 바로 값을 꺼내는 것입니다. 이것이 추출이라는 프로세스인데, 스위프트에서 워낙 자주 쓰이기 때문에 신속한 처리를 위해 단축 연산자를 제공합니다.

옵셔널을 추출하려면 강제 추출 연산자(!)를 사용합니다. 논리 NOT 연산자와 같은 문자 기호를 사용하더라도 옵셔널을 추출할 때는 옵셔널 이름 끝에 강제 추출 연산자를 반드시 넣어야 합니다. 이름에서 예상할 수 있듯이, 강제 추출 연산자를 사용한다는 것은 개발자가 옵셔널에서 무엇을 얻을지 알고 있고 그에 따른 결과물을 잘 처리할 수 있다고 스위프트 컴파일러에게 알리는 것과 같습니다. 이에 따라 조금 전 코드를 올바르게 작성하려면 message의 마지막에 연산자를 삽입해 내재된 String 값에 접근하고, 그 결과물에서 capitalized를 참조해야 합니다.

스위프트

```
let message: String? = "hi there"
let tidyMessage = message!.capitalized
```

하지만 여기에는 문제가 있습니다. message가 nil일 경우라면, 강제 추출 연산자를 사용하면 nil이 반환될 것이고, nil에서 capitalized를 참조하면 런타임 오류가 발생할 것입니다. 개발자가 옵셔널을 강제로 추출했기 때문에 컴파일러는 개발자가 통제할 수 있다고 가정하고 개발자를 보호하지 않습니다. 플레이그라운드에서 message 변수를 nil로 변경해봅시다.

스위프트

```
let message: String? = nil
let tidyMessage = message!.capitalized
```

강제 추출에서 nil이 되돌아오면 당연히 막아야 합니다. 하지만 어떻게 해야 할까요? 다행히도 옵셔널 타입은 nil을 비교할 때 같음(==)과 같지 않음(!=) 연산자 모두에 반응합니다. 그래서 강제 추출하는 것이 안전한지 아닌지를 확인할 수 있습니다.

스위프트

```
let message: String? = nil
var tidyMessage: String?
if message != nil {
    tidyMessage = message!.capitalized
}
```

옵셔널 바인딩

위와 같은 간단한 예시에서는 message를 한 번만 사용하지만 좀 더 복잡한 코드에서는 message를 if 블록 범위 안의 상수로 할당하는 게 좋습니다. 다음과 같이 작성해 봅시다.

스위프트

```
if message != nil {
    let definiteMessage = message!
    tidyMessage = definiteMessage.capitalized
}
```

애플은 이것이 일반적인 패턴이 될 것을 예견하고 if와 while의 조건문 안에서 값을 바로 추출하여 할당할 수 있도록 기능을 추가했습니다. 이것이 옵셔널 바인딩입니다.

스위프트

```
if let definiteMessage = message {
    tidyMessage = definiteMessage.capitalized
}
```

대입 연산은 할당이 성공적일 경우 true인 부울을 반환하고(message가 값을 포함하고 있다는 뜻이기도 합니다), 대입이 실패할 경우에는 false인 부울을 반환합니다. 대입이 성공적일 경우, 새로 대입된 상수(definiteMessage)는 이제 옵셔널이 아니어서 강제로 추출할 필요 없이 if 블록의 범위 안에서 안전하게 사용될 수 있습니다. 유의할 점은 상수(let)가 아닌 변수(var)를 대신 사용할 수 있지만 옵셔널 바인딩을 통해 생성된 변수를 수정해도 기존의 옵셔널 값에는 영향을 미치지 않는다는 것입니다.

암시적 추출

때로는 값을 포함할 것으로 생각되는 옵셔널이 있을 것입니다. 예를 들어 이전에 내가 값을 할당해준 옵셔널이라면 말이죠. 그런 상황이라면 '암시적 추출'이라는 기능을 활용할 수 있습니다. 옵셔널에 어떤 값을, 예를 들어 앞의 예시에서 쓰인 message 변수처럼 이미 값을 할당해준 경우, 암시적 추출 옵셔널을 사용하여 값이 있음을 가정하는 옵셔널을 생성해 줄 수 있습니다. 다음과 같이 암시적 추출 옵셔널을 생성할 수 있습니다.

스위프트

```
var message: String? = "hi there"
let definiteMessage: String! = message
let tidyMessage = definiteMessage.capitalized
```

다시 한 번 말하지만 위 예시는 단순한 코드입니다. 하지만 다수의 연산을 위해 difiniteMessage를 사용해야 하는 경우에는, 안전하다는 확신이 있으면 매번 강제로 추출을 해야 할 필요가 없어 편리합니다. 하지만 주의할 점이 있습니다. 무조건적인 추출을 사용하면 컴파일러는 개발자가 잘 통제하고 있다고 인식하고는 아무런 조치도 취하지 않습니다. 무조건적으로 추출된 타입(위 예시의 definiteMessage)은 논-옵셔널 타입이고, 만약 논-옵셔널 타입에 값이 없다면 애플리케이션 실행 시 런타임에서 크래시가 일어날 수 있습니다.

옵셔널 체이닝

옵셔널 바인딩이 옵셔널을 테스트하고 안전하게 추출하기에 편리하지만, 정작 스위프트가 지향하는 바는 개발자가 작성해야 하는 코드의 양을 줄이는 것이라고 전에 분명히 언급했습니다. 한 객체 타입 안에 중첩된 다수의 객체 타입이 있어서 데이터를 조사하기 위해 if문을 중첩해야 한다면 어떤 일이 벌어질까요?

한 예로(좀 억지스럽지만) 맨 밑에서 거슬러 올라가는 UIView 계층이 있다고 가정합시다. 일단 계층을 생성하겠습니다.

스위프트

```
let bottomView = UIView()
let view2 = UIView()
let view3 = UIView()
let view4 = UIView()

view4.addSubview(view3)
view3.addSubview(view2)
view2.addSubview(bottomView)
```

bottomView에서 시작해서 위로 올라간다면 가장 먼저 해야 할 일은 superview 속성을 찾아내는 것입니다. 그리고 그 위의 superview, 또 그 위의 superview 속성(properties)으로 찾아 올라가겠죠. 오브젝티브-C에서는 이것을 아주 간단하게 할 수 있습니다.

오브젝티브-C

```
UIView *fourthView = bottomView.superview.superview.superview;
```

위 코드는 안정성을 위해 nil 객체에 message를 보내는 오브젝티브-C의 기능을 활용했습니다. 한편, view에 superview가 있다고 보장할 수 없기 때문에 superview 속성의 타입은 UIView?입니다. 이를 다음처럼 작성하면 코드는 컴파일되지 않습니다.

스위프트

```
let fourthView = bottomView.superview.superview.superview
```

오류를 피하고 안전을 기하기 위해서는 옵셔널 바인딩을 사용하여 view 계층을 거슬러 올라가며 다음과 같이 확인하는 것이 좋습니다.

스위프트

```
if let secondView = bottomView.superview {
    if let thirdView = secondView.superview {
        if let fourthView = thirdView.superview {
            fourthView
        }
    }
}
```

불행히도 이런 코드는 개발자들이 없애고 싶어 하는 관용적 코드입니다. 스위프트는 이 문제를 해결하고자, 옵셔널 체이닝이라는 기능을 도입했습니다. 옵셔널 속성이나 메소드 호출의 마지막에 적용되는 옵셔널 체이닝 연산자(?)를 사용하면 오브젝티브-C의 nil에 message를 보내는 동작을 효과적으로 수행할 수 있습니다.

옵셔널 체이닝 연산자의 동작을 가장 쉽게 이해할 수 있는 방법은 각각의 연산자를 '판단지점', 즉 계속 추출할 것인지 여부를 물어보는 지점으로 삼는 것입니다. 논리는 다음과 같습니다.

▶ bottomView의 superview를 호출하면 옵셔널 UIView?를 반환한다

- ▶ 옵셔널에 값이 없을 경우 프로세싱이 끝나고, 반환값은 nil이다
- ▶ 옵셔널에 값이 있을 경우 superview가 호출되면서 옵셔널 UIView?를 반환한다
- ▶ 이 새로운 옵셔널에 값이 없을 경우 프로세싱이 끝나고, 그 작업 전반에서 nil이 반환된다
- ▶ 이 새로운 옵셔널에 값이 있을 경우 superview가 호출되면서 프로세스 전체에서 옵셔널 UIView?를 반환한다

그러면 다음과 같은 구문이 나타납니다.

스위프트
```
let fourthView = bottomView.superview?.superview?.superview
```

스위프트의 옵셔널 체이닝이 오브젝티브-C의 기능만큼 매끄럽지는 않지만 불필요한 크래시 보호 코드를 많이 없앤 것은 분명합니다. 스위프트의 옵셔널 체이닝은 결과가 nil이 될 때를 시각적으로 보여주기 때문에 개발자가 더 좋아할 수도 있습니다.

몇 가지 조심할 점

스위프트 개발자라면 알아둬야 할 옵셔널에 관한 몇 가지 작은 팁이 있습니다. 바로 nil 병합 연산자(nil coalescing operator)와 연산자 없이 추출하는 방법이죠.

NIL 병합 연산자

옵셔널을 다루는 편리한 방법으로 nil 체크와 조건부 삼항 연산자를 조합하는 방법이

있습니다. 앞에서 공부했던 예시처럼 message를 다룬다면, 다음과 같이 디폴트 값을 제공할 수 있습니다.

스위프트

```
let definiteMessage = message != nil ? message! : "Default"
```

이 구문은 message가 nil인지 아닌지를 결정할 때, 만약 nil이 아닐 경우 message를 강제로 추출하여 할당하고 nil일 경우 "Default" 문자열을 할당합니다. 이를 nil 병합 연산자(??)를 사용하면 다음과 같이 삼항 연산자를 대신해서 간략하게 표기할 수 있습니다.

스위프트

```
let definiteMessage = message ?? "Default"
```

스위프트는 빠르게 진화하고 있습니다. 애플은 일반적인 사용 패턴을 계속해서 확인하고 개선할 방안을 모색할 것입니다.

추출이 필요 없는 경우

이번 장에서는 옵셔널을 사용할 때 옵셔널에 값이 있는지 항상 확인해야 하고 그렇지 않으면 런타임 오류가 발생할 수 있다고 누누이 언급했습니다. 하지만 항상 그런 것은 아닙니다. 값이 없는 옵셔널을 print 함수에 전달하면 오류가 발생하지 않습니다. 또 값이 없는 옵셔널을 문자열에 내장하기 위해 문자열 삽입을 사용해도 오류가 발생하지 않습니다(다만 옵셔널 해제 없이 그대로 사용할 경우 경고를 피할 수는 없습니다 - 감수자 주).

```
var optionalWithoutValue: String? = nil
var interpolatedString = "Here comes the optional: \(optionalWithoutValue)!"
```

위와 같이 하면 "Here comes the optional: nil!"이라는 문구를 담은 문자열이 나옵니다. 이렇게 하면 검사해야 할 옵셔널의 양이 줄어 편리하지만 그와 동시에 언어 전반에 걸쳐 일관성이 떨어지기 때문에 일관된 실행이 어려울 수 있습니다.

마무리

옵셔널은 간단한 구성체이지만 옵셔널 덕분에 스위프트가 한층 더 복합적인 언어가 되었습니다. 상수와 변수의 개념처럼 옵셔널도 안전성과 사용성의 균형을 위해서 사용 전에 심사숙고해야 할 부분이 있습니다. 새로운 상수나 변수를 생성할 때나 함수 정의를 생성할 때, 일단 옵셔널을 사용하지 않고 시작해, 정말 필요하다고 생각될 때만 사용하는 것이 좋습니다.

다음 장에서는 함수와 메소드에 대해 알아보면서 스위프트의 기본에 대한 설명을 이어가겠습니다.

6장
함수

어떤 프로그래밍 언어를 쓰든 간에 함수는 꼭 필요합니다. 스위프트는
오브젝티브-C보다 함수의 기능이 훨씬 개선되었습니다. 독립적으로 쓰일 수도
있고 클래스에 속한 메소드나 구성체 또는 열거형에도 쓰일 수 있습니다.
함수 안에 또 다른 함수(중첩 함수)를 생성할 수 있고, 함수를 파라미터로 다른
함수에 전달할 수 있으며, 반환 값으로 다른 함수에서 반환할 수도 있습니다.
함수의 기능이 이렇게 확대되다보니 스위프트에서는 함수도 일급 객체(first class
citizen)라 할 만합니다.

오브젝티브-C에서 함수와 메소드는 성격이 매우 다릅니다. 함수가 전형적인
C 언어의 성향을 띤다면 메소드는 전적으로 오브젝티브-C의 성질을 띱니다.
함수와 메소드는 문법도 다르고 수행하는 기능도 달랐죠. 하지만 스위프트에서는
이 둘의 차이가 많이 줄어들었습니다. 이제 메소드는 객체 타입에 속하는
함수라고 할 수 있습니다. 이 장에서는 함수가 단독으로 사용될 때와 객체 타입에
속해서 사용될 때 모두 특별한 언급이 없는 한 함수라는 단어를 사용합니다.

스위프트에서는 구조체와 열거형의 영향력이 막강해졌으므로, 클래스, 구조체,
열거형을 '객체'라는 용어로 통일하겠습니다. 마찬가지로 인스턴스라는 용어도
클래스, 구조체, 열거형 중 하나를 의미합니다. 필요할 경우에는 객체 타입을
'클래스 객체', '구조체 인스턴스'와 같이 구별하여 사용하겠습니다.

함수 호출

스위프트에서 함수를 호출하는 방법은 C 언어나 C++ 언어에서 함수를 호출하는 방법과 비슷합니다. 아래와 같이 함수 이름을 입력하고 소괄호를 씁니다.

스위프트

```
functionName()
```

함수가 클래스에 속한 메소드일 경우에는 도트 연산자를 사용하여 인스턴스 타입을 참조하는 변수의 메소드를 실행할 수 있습니다.

스위프트

```
instanceVar.methodName()
```

오브젝티브-C의 호출(invocation)과 비교해 보죠.

오브젝티브-C

```
[instanceVar methodName];
```

함수에 파라미터를 전달하려면 파라미터를 소괄호 안에 넣습니다.

스위프트

```
functionName(parameter)
```

함수가 여러 개의 파라미터를 취한다면, 콤마로 파라미터를 구분해야 하고, 다음 세 가지 중 한 방법으로 전달되어야 합니다.

▶ 간소한 일련의 파라미터로 전달
▶ 일련의 명명된 파라미터로 전달
▶ 위 두 가지 경우를 조합하여 전달

첫 번째 같은 경우 다음과 같이 호출할 수 있습니다.

스위프트

```
functionName(parameter1, parameter2, parameter3)
```

오브젝티브-C에는 이러한 기능이 없고, 스위프트에서도 명명된 파라미터가 함수 호출자에게 유용한 정보를 제공하지 않는 상황에서만 이런 방식으로 함수를 정의할 수 있습니다.

반면, 명명된 파라미터는 오브젝티브-C의 기능이면서 스위프트에서도 계속 지원됩니다. 오브젝티브-C와 마찬가지로, 파라미터 이름을 구체적으로 명시하고 콜론을 입력한 후 파라미터 값을 입력합니다.

스위프트

```
functionName(parameterName1: parameterValue1, parameterName2: parameterValue2)
```

함수 정의

스위프트의 함수 정의는 오브젝티브-C의 메소드 정의와 많이 다릅니다.

오브젝티브-C

```
- (ReturnType)methodName:(ParameterType1)parameterName1 parameter2:
↪ (ParameterType2)parameterName2
```

이와 비교하여 스위프트 함수를 정의하는 코드는 다음과 같습니다.

스위프트

```
func functionName(paramterName1: ParameterType1, parameterName2:
↪ ParameterType2) -> ReturnType
```

모든 스위프트 함수는 func으로 정의되어야 합니다. func, 오타처럼 보여도 오타가 절대 아닙니다.

파라미터 명명

스위프트의 함수 파라미터 명명 방식은 매우 다양합니다. 로컬(내부) 파라미터 이름과 외부 파라미터 이름을 구분할 것인지, 아니면 파라미터 이름을 함께 사용할 것인지 선택하게 함으로써 스위프트는 오브젝티브-C의 친절함과 C 언어의 간결함을 모두 갖추었습니다. 이 옵션이 가능한지 시험해 보는 가장 좋은 방법은 가장 기본적인 방식으로 시작해서 파라미터의 길이를 중간 중간 늘이는 것입니다.

명명된 파라미터 일치

파라미터를 포함한 함수를 정의하는 가장 간단한 방법은 로컬과 외부의 파라미터에 같은 이름을 사용하는 것입니다. 파라미터에 아무 설정도 하지 않을 경우 로컬과 외부 파라미터를 같은 이름으로 사용하게 됩니다. 함수 정의는 다음과 같습니다.

스위프트

```
func createRectBetweenPoints(firstCorner: CGPoint, secondCorner: CGPoint) {
    let horizontalSize = secondCorner.x - firstCorner.x
    let verticalSize = secondCorner.y - firstCorner.y
     let rect = CGRect(x: firstCorner.x, y: firstCorner.y, width: horizontalSize, height: verticalSize)
}
```

이때 메소드는 다음과 같이 호출할 수 있습니다.

스위프트

```
createRectBetweenPoints(firstCorner: firstPoint, secondCorner: secondPoint)
```

차별화된 명명된 파라미터

파라미터 명명에 좀 석연찮은 부분이 있습니다. 바로 로컬 파라미터 이름을 사용자에게 노출했다는 것입니다. 이것이 항상 문제가 되지는 않지만, 데이터 이용자가 이름을 짓는 내부 용어를 이해하지 못했을 경우에는 문제가 될 수 있습니다. 아래 예를 보면, 내부적으로는 CGpoint 인스턴스를 모서리로 처리하지만 외부 사용자가 볼 때는 두 가지 포인트를 묻는 격입니다.

함수를 정의할 때 '외부이름 로컬이름: 타입'으로 순서를 지정해 외부와 로컬 파라미터 이름을 다르게 할 수 있습니다. 이를 위해 다음과 같이 함수를 재정의합니다.

스위프트

```
func createRectBetweenPoints(firstPoint firstCorner: CGPoint, secondPoint
→ secondCorner: CGPoint) {
    let horizontalSize = secondCorner.x - firstCorner.x
    let verticalSize = secondCorner.y - firstCorner.y
    let rect = CGRect(x: firstCorner.x, y: firstCorner.y, width: horizontalSize,
height: verticalSize)
}
```

이 새로운 함수는 다른 특징을 가지고 있기 때문에(외부 파라미터 이름들이 다름) 기존의 함수와 충돌하지 않고 다음과 같이 호출될 수 있습니다.

스위프트

```
createRectBetweenPoints(firstPoint: firstPoint, secondPoint: secondPoint)
```

기존의 함수와 새로운 함수가 모두 같은 플레이그라운드에 존재하는 것을 보면, 중복 정의 오류 없이 서로 잘 공존한다는 것을 알 수 있습니다. 두 함수가 거의 동일하게 보여도 각기 다른 파라미터명을 가지고 있기 때문에 컴파일러는 그 둘을 다르게 인식합니다.

오브젝티브-C의 코드와 비슷하게 표현하고 싶다면 첫 번째 파라미터 외부이름을 언더바로 변경하고 정의하면 됩니다. 코코아 터치 프레임워크에서 많이 사용하는 형식이기도 합니다.

스위프트

```
func createRectBetweenFirstPoint(_ firstCorner: CGPoint, andSecondPoint
→ secondCorner: CGPoint) {
    let horizontalSize = secondCorner.x - firstCorner.x
    let verticalSize = secondCorner.y - firstCorner.y
```

```
    let rect = CGRect(x: firstCorner.x, y: firstCorner.y, width: horizontalSize,
height: verticalSize)
}
```

호출할 때는 이와 같습니다.

스위프트

```
createRectBetweenFirstPoint(firstPoint, andSecondPoint: secondPoint)
```

외부적으로 명명된 파라미터의 개념이 로컬 파라미터와 다르다는 것이 조금 이상할 수도 있지만, 오브젝티브-C에서는 셀렉터(selector)의 파라미터에 외부 이름을 자주 내재시키는 유사한 구조체가 오랫동안 사용되었습니다. 이렇게 명시적 셀렉터 이름을 사용해서 자주 나오는 코드의 가독성을 높이는 것이죠.

디폴트 파라미터 값

C++이나 오브젝티브-C++의 사용자라면 디폴트 파라미터 값이라는 개념을 잘 알고 있을 겁니다. 함수를 정의할 때 호출된 코드가 값을 전달하지 않을 경우에 함수문 안에서 사용되어야 할 값을 지정할 수 있습니다. 경우에 따라서는 값이 넘어오지 않을지도 모르는 여러 파라미터를 가진 코드를 작성할 때에는 이 방법이 더 유리할 수 있습니다.

가령 도메인, 경로, 프로토콜 컴포넌트에서 URL를 생성하기 위한 오브젝티브-C의 메소드는 다음과 같습니다.

오브젝티브-C

```
+ (NSString *)createUrlStringForDomain:(NSString *)domain withPath:(NSString *)path andProtocol:(NSString *)proto {
    return [NSString stringWithFormat:@"%@://%@/%@", proto, domain, path];
}
```

프로토콜은 대개 'http'이고 경로는 대개 빈 문자열이므로 프로토콜이나, 프로토콜과 경로를 생략하는 경우, convenience 메소드를 생성해 두면 편하게 사용할 수 있습니다.

오브젝티브-C

```
+ (NSString *)createUrlStringForDomain:(NSString *)domain withPath:(NSString *)path
    return [self createUrlStringForDomain:domain path:path andProtocol:@"http"];
}
```

오브젝티브-C

```
+ (NSString *)createUrlStringForDomain:(NSString *)domain {
    return [self createUrlStringForDomain:domain withPath:@""];
}
```

이는 디폴트 파라미터 값이 효율적으로 사용되는 좋은 예입니다. 스위프트에서 디폴트 값을 정의하려면 함수 정의에 있는 파라미터에 값 할당을 추가합니다.

스위프트

```
func createUrlStringForDomain(domain: String, withPath path: String = "", andProtocol proto: String = "http") -> String {
    return "\(proto)://\(domain)/\(path)"
}
```

하나의 함수 정의만으로 다음 세 가지 방법으로 메소드를 호출할 수 있습니다.

- `let swiftBlogUrl = createUrlStringForDomain(domain: "developer.apple.com", withPath: "swift/blog", andProtocol: "https")`
- `let bbcNewsUrl = createUrlStringForDomain(domain: "www.bbc.co.uk", withPath: "news")`
- `let googleUrl = createUrlStringForDomain(domain: "www.google.com")`

반환 값

지금까지는 반환 값을 깊이 있게 다루지 않았습니다. 오브젝티브-C와 마찬가지로 스위프트의 함수도 한 가지 타입만 반환하거나 아무것도 반환하지 않습니다. 하지만 튜플을 사용하면 반환 값이 몇 개든 값을 효과적으로 반환할 수 있습니다. 튜플은 스위프트의 훌륭한 새 기능이지만 주의해서 사용해야 합니다. 튜플 반환을 과도하게 사용할 경우 코드의 가독성이 떨어지고 유지보수가 어려워지기 때문입니다.

값을 반환하는 함수를 정의할 때는, 파라미터 목록 소괄호를 닫은 후 '반환 화살표(-))'를 입력하고 함수가 반환하기를 바라는 값의 유형을 지정합니다. 반환 값을 지정하는 데에는 다음과 같이 몇 가지 방법이 있습니다.

▶ func functionName()은 반환 값이 없다

▶ func functionName() -> ()은 빈 튜플을 반환하며, 반환 값이 없는 것과 마찬가지다

▶ func functionName() -> Void은 빈 튜플을 반환하며, Void는 ()의 별칭이다

▶ func functionName() -> Int은 정수 타입을 반환한다

▶ func functionName() -> Int?은 옵셔널 정수 타입을 반환한다

▶ func functionName() -> (Int, String)은 두 값을 지닌 튜플을 반환하고 그 값들은 이름이 없다

▶ func functionName() -> (Int, String)?은 값 두 개를 지닌 옵셔널 튜플을 반환하며, 튜플은 존재할 수도 있고 존재하지 않을 수도 있다

▶ func functionName() -> (anInt: Int, aString: String)은 값 두 개를 지닌 튜플을 반환하며, 각각의 값들은 anInt, aString이라는 이름이 있다

이 장 앞부분에서는 파라미터 명명을 학습하기 위해 반환 타입 없는 함수를 정의했습니다. 그래서 실제로 생성한 CGRect의 반환이 빠졌습니다. 이를 다시 넣어 완성해 보겠습니다.

스위프트

```
func createRectBetweenFirstPoint(firstCorner: CGPoint, andSecondPoint
secondCorner: CGPoint) -> CGRect {
    let horizontalSize = secondCorner.x - firstCorner.x
    let verticalSize = secondCorner.y - firstCorner.y
    let rect = CGRect(x: firstCorner.x, y: firstCorner.y, width: horizontalSize,
height: verticalSize)
    return rect
}
```

같은 이름을 쓰는 함수에 추가로 위의 함수를 다시 정의할 수 있다는 것을 명심해야 합니다. 반환 타입에 따라 두 함수의 특징이 구분되기 때문입니다.

함수 파라미터 수정

함수에 파라미터를 전달할 때 파라미터는 자동적으로 상수로 간주됩니다. 그래서 파라미터를 수정하려고 하면 컴파일러 오류가 발생합니다.

스위프트

```
func canWeChangeItNoWeCant(constantParam: Int) {
    constantParam = 0
}
```

함수문 안에 있는 파라미터를 수정하는 방식은 두 가지입니다. 변수 파라미터로 표기하는 방식과 입출력(in-out) 파라미터로 표기하는 방식입니다.

변수 파라미터

스위프트는 전달된 파라미터를 자동으로 상수로 취급합니다. 이런 상수는 let 키워드를 사용하여 생성한 상수들과 같은 규칙을 따릅니다. 굳이 원한다면 let 키워드를 사용하여 파라미터를 확실하게 상수로 표시할 수 있지만 입력할 것이 좀 많습니다.

위 코드에서 함수 내부에 파라미터와 같은 이름을 갖는 변수를 다시 한번 정의하고 파라미터를 할당해 주면 파라미터를 수정해도 오류가 발생하지 않습니다. 사실은 파라미터가 아니라 동일한 이름의 변수를 수정하는 것이지만 말이죠.

스위프트

```
func canWeChangeItYesWeCan(variableParam: Int) {
    var variableParam = variableParam
    variableParam = 0
}
```

스위프트에서는 전달된 파라미터가 자동적으로 상수가 되는 것이 좀 의아할 것입니다. 다시 강조하지만, 이것은 안정성을 위한 변화입니다. 오브젝티브-C에서는 개발자가 본인도 모르는 사이에 전달된 파라미터를 무심코 변경하여 나중에 함수에서 그 파라미터를 사용할 때 문제가 생길 수 있습니다. 하지만 스위프트에서는 의도적으로 파라미터를 같은 이름의 변수에 대입하기 전에는 이런 문제가 발생하지 않습니다.

또한 파라미터를 변수에 대입하고 그 변수의 값을 수정한다고 해서 함수에 전달된 기존의 값이 변하지는 않습니다. 만약 기존의 값을 변경하려면 입출력 파라미터를 사용해야 합니다.

입출력 파라미터

오브젝티브-C 코드에서 일반적인 패턴은 한 포인터를 다른 포인터로 전달해 호출하는 코드로 정보를 다시 불러오는 것입니다. 이 패턴은 NSError뿐만 아니라 그 메소드와 관련된 데이터까지도 호출하는 코드로 제공해야 하는 코코아와 코코아 터치 메소드 안에서 가장 익숙한 패턴입니다. 데이터는 반환 값으로 다시 전달되고, 발생한 모든 오류에 대한 정보는 NSError 객체로 들어갑니다.

오브젝티브-C(정확히 말하면 C 언어)에서는 이 작업을 포인터를 통해 실행합니다. 원시 값을 되돌려 받으려면 원시값의 포인터를 함수나 메소드로 전달해야 하고, 객체 포인터를 되돌려 받으려면 객체 포인터의 포인터를 전달해야 합니다. 이렇게 하기 위해서는 함수나 메소드를 심사숙고해서 정의해야 하고 호출할 때도 마찬가지입니다. 사실 오용하기 쉽고, 그다지 사용하기 쉽게 설계되지는 않았습니다.

좀 더 나은 기능을 위해 스위프트에서도 함수로 전달된 파라미터에 수정 가능함을 나타내는 inout이라는 키워드가 추가되었습니다. 예를 들어, 다음 함수는 전달받은 정수 값을 수정할 수도 있고, 연산의 실패 또는 성공을 true나 false로도 반환합니다.

스위프트

```
func doubleThisInt(intToChange: inout Int) -> Bool {
```

```
        intToChange *= 2
        return true
}
```

입출력 파라미터를 취하는 함수로 값을 변경시키는 것은 상당히 위험합니다. 서드파티 프레임워크를 사용한다면 특히 그렇습니다. 프레임워크를 업데이트하는 중에, 프레임워크 공급자가 함수 내부에서 값을 수정하기 위해 치명적이지 않은 함수들을 변경할 수도 있습니다. 이를 방지하기 위해 입출력 파라미터를 전달할 때는 반드시 변수 앞에 앰퍼샌드 '&'를 붙이고, 앰퍼샌드가 붙지 않은 경우는 컴파일 오류가 나게 해서 스위프트에 C 언어의 성향을 일부 남겨놓았습니다. 이렇게 하면 처음 코드를 작성하는 개발자도 나중에 유지보수를 위해 투입된 개발자도, 전달되는 값이 그 값을 수정하는 함수에 전달된다는 것을 알 수 있습니다.

doubleThisInt 함수를 호출하려면 다음과 같이 하면 됩니다.

스위프트

```
var value= 2
var success = doubleThisInt(intToChange: &value)
print("Doubled int: \(value)")
```

객체 포인터(NSError 패턴과 같은)로 포인터를 취하는 오브젝티브-C의 프레임워크를 다루는 방법에 대해서는 14장에서 좀 더 자세히 알아 보겠습니다.

가변 개수 파라미터

가변 개수 파라미터는 지정되지 않은 개수의 값들을 취합니다. 오브젝티브-C에서는 stringWithFormat: 또는 NSLog와 같은 패턴을 사용할 때 가변 개수 파라미터를 주로 사용하기만하지, 가변 개수 파라미터 함수를 만드는 일은 드뭅니다. 아마도 오브젝티브-C의 가변 개수 파라미터 목록를 분석하는 것이 생각보다 어렵기 때문일 것입니다(모두 C 언어 함수에서 온 것이죠).

한 예로 문자열을 구성하는 데 사용될 일련의 문자들을 취하는 메소드를 생각해 봅시다(실제 활용도는 낮지만 공부를 위해서 예를 들어 보죠). 오브젝티브-C에서는 가변 개수 파라미터를 포함한 메소드 정의를 제공해야 하고, 메소드 문에서 가변 개수 인수 목록(va_arg함수를 사용해서)을 초기화하고(va_start를 사용하여) 분석한 후 목록을 닫아야 합니다(va_end).

오브젝티브-C

```
+ (NSString *)stringFromCharacters:(BOOL)forward, ... {
    NSMutableString * outputString = [NSMutableString stringWithFormat:@""];
    va_list variableArgs;
    va_start(variableArgs, forward);
    for (NSString * character = va_arg(variableArgs, NSString * );
→        character != nil; character = va_arg(variableArgs, NSString *  {
        if (forward) {
            [outputString appendString:character];
        } else {
            NSMutableString * mutableCharacter = [character mutableCopy];
            [mutableCharacter appendString:outputString];
            outputString = mutableCharacter;
        }
    }
    va_end(variableArgs);
    return [outputString copy];
}
```

C 언어와 오브젝티브-C에서 일반 파라미터 타입이 적어도 하나 이상 있어야만 가변 개수 파라미터 목록을 생성할 수 있다는 사실에 유의해야 합니다. 이 메소드를 사용하려면 다음과 같이 호출합니다.

오브젝티브-C

```
NSString *output = [NSString stringFromCharacters:YES, @"a", @"b", @"c", nil];
```

기존에는 프로세싱을 특정 단계에서 멈추려면, nil로 끝나는 목록을 사용해야 했습니다. 이제는 전달될 숫자를 감지하거나(한 예로 포맷하는 문자열을 분석하거나) 몇 개의 파라미터를 전달할지 지정함으로써 이런 문제를 피할 수 있습니다.

스위프트는 가변 개수 파라미터 사용이 훨씬 쉬워졌습니다. 가변 개수 파라미터 목록을 정의할 때 이름과 파라미터 타입을 지정할 수 있습니다. 예전처럼 가변 개수 목록 전에 일반 파라미터를 하나 이상 가지지 않아도 됩니다.

함수 내부에서 표준 for-in 반복문을 사용해 타입이 지정된 배열에 접근할 수 있습니다. 이렇게 하면 구문을 좀 더 세련되게 할 수 있고 코드를 이해하기가 쉬워질 뿐만 아니라 파라미터 카운트도 추적할 필요가 없습니다. 파라미터 카운트를 전달할 필요도, nil과 같은 센티널 값을 사용할 필요도 없습니다.

스위프트

```
func stringFromCharacters(forward: Bool, characters: Character...) -> String {
    var outputString: String = ""
    for character in characters {
        if (forward) {
            outputString = outputString + String(character)
        } else {
            outputString = String(character) + outputString
        }
    }
    return outputString
}

let outputString = stringFromCharacters(forward: true, characters: "a", "b", "c")
```

가변 개수 파라미터를 사용하는 데에는 여전히 몇 가지 제한이 있습니다.

- 함수 하나가 가변 개수 파라미터 하나를 사용할 수 있다. 그렇지 않을 경우, 파라미터 목록이 어디에서 시작하고 끝나는지를 나타낼 수 없다
- 가변 개수 파라미터는 반드시 파라미터 목록의 끝에 나타나야 한다. 그래야 어떤 것이 가변 개수 파라미터이고 일반 파라미터인지 알 수 있다
- 가변 개수 함수에 명명된 파라미터를 사용한다면 호출하는 코드에 한 번만 포함할 수 있다
- 디폴트 파라미터 값이 있다면 반드시 마지막 디폴트 값 뒤에 가변 개수 파라미터를 놓아야 한다. 디폴트 값을 활용한다면 어떠한 값도 가변 개수 파라미터에 전달할 수 없다(이것은 빈 배열이다)

함수 범위

함수에 접근할 수 있는 데이터는 함수의 범위와 파라미터로 함수에 전달된 데이터에 따라 달라집니다.

전역 범위

전역 범위에서 정의된 함수는 애플리케이션의 전역 데이터에 접근할 수 있습니다. 스위프트에는 헤더와 구현 파일의 구분이 없기 때문에 데이터 구조체 밖에서 정의된 변수나 상수, 함수는 전역 범위에 속하며 동시에 모든 소스 파일에서 사용될 수 있습니다.

메소드 범위

아직 자세히 다루지 않았지만(9장과 10장에서 다룹니다) 메소드는 간단히 말해 클래스, 구조체, 열거형과 같은 객체 타입과 관련된 함수입니다. 메소드는 객체 타입과 관련된 모든 멤버 데이터와 전역 범위에 있는 데이터에 접근할 수 있습니다.

중첩 함수

중첩 함수란 다른 함수 내부에서 정의되는 함수입니다. 중첩 함수는 대부분 비슷하게 동작하지만 몇 가지 특징이 있습니다. 전역 함수가 전역 범위에 접근하는 것과 같은 방식으로 중첩 함수는 중첩 함수가 속한 함수의 범위에 접근할 수 있습니다(전역 범위도 그렇고, 함수가 객체 메소드라면 멤버 데이터도 마찬가지입니다). 그러한 범위에서 정의된 모든 변수나 상수는 중첩 함수 안에서 사용할 수 있습니다.

중첩 함수는 정의된 함수 범위 안에서만 실행될 수 있습니다. 단, 중첩 함수가 정의되어 있는 함수의 반환 값으로 사용될 때는 예외입니다. 함수 반환에 대해서는 조금 뒤에서 다루겠습니다.

다음의 예시는 외부 함수와 중첩된 내부 함수를 보여줍니다.

스위프트

```swift
func outerFunction() {
    var outerVariable = 0
    func innerFunction() {
        outerVariable += 1
    }
    innerFunction()
    innerFunction()
    innerFunction()
```

```
    print(outerVariable)
}
```

outerFunction이 실행되면 그것이 정수 변수를 설정하고 이어서 inner-Function을 정의합니다. innerFunction은 변수에 접근할 수 있으므로 호출될 때마다 변수의 값이 증가합니다. 실행이 끝나고 출력되면 변수의 값은 3이 될 것입니다.

함수 사용

스위프트가 오브젝티브-C와 크게 다른 점은 스위프트의 함수가 독자적인 타입이라는 것입니다. 대수롭지 않은 차이인 듯해도, 이는 함수와 오브젝티브-C 블록(스위프트에서는 클로저로 칭합니다)의 경계가 모호하게 되었다는 것을 뜻합니다.

오브젝티브-C에서는 함수가 독자적인 타입을 갖지 못했지만 함수 포인터로 비슷한 효과를 낼 수는 있었습니다. 다만 C 언어의 기능이어서 오브젝티브-C의 고유 기능으로 여겨지지는 않았습니다. 함수 포인터 역시 타입 정보를 갖고 있지 않습니다. 개발자가 함수에 대한 포인터를 가지고 있으면 호출자는 어떤 파라미터를 전달하고 어떤 것이 반환되는지 알고 있어야 합니다.

오브젝티브-C에서는 C 언어와 달리 performSelector:와 비슷한 타입의 메소드를 사용합니다. 이 방법은 편리한 반면, 제로 또는 텍스트 기반의 셀렉터와 함께 파라미터 하나를 특정한 객체로 전달할 때만 사용할 수 있습니다. 이러한 기능 사용하려면 블록을 많이 쓸 수밖에 없습니다.

함수 타입

함수 타입은 스위프트의 일급 객체(first-class citizen)이자 타입의 필수 조건인 함수만의 타입 정보를 가집니다. 함수의 타입 정보는 함수 파라미터 타입과 반환 타입에서 파생됩니다. 다음 함수 정의를 보겠습니다.

스위프트

```
func isNumberSameAsString(number: Int, string: String) -> Bool {
    return "\(number)" == string
}
```

함수의 타입은 '(파라미터 타입) -> (타입 유형)'이라는 포맷으로 지정합니다. 위 함수의 경우, 함수 유형은 다음과 같이 됩니다.

스위프트

```
(Int, String) -> (Bool)
```

함수가 파라미터나 반환 타입을 가지고 있지 않다면 빈 소괄호 또는 Void를 사용합니다. 이때 파라미터 쪽은 반드시 괄호로 감싸주어야 합니다.

스위프트

```
() -> ()
(Void) -> Void
```

상수나 변수에 함수를 할당하면 함수가 저장됩니다.

스위프트

```
let numberFunction = isNumberSameAsString
```

함수를 저장할 때에는 소괄호를 넣지 않습니다. 소괄호를 넣으면 함수를 호출하게 됩니다. 저장된 함수를 사용하려면 평소처럼 함수를 호출하면 되지만, 함수 이름을 넣을 자리에는 원래의 함수 이름 대신 저장된 이름을 사용해야 합니다.

스위프트

```
numberFunction(350125, "350125")
```

함수 타입을 사용할 때 함수의 시그니처가 중복되지 않는다면 외부 파라미터 이름이 정의되어 있는 함수라도 파라미터 이름 없이 저장할 수 있습니다. 또한 저장된 이름을 사용하여 호출하는 경우에는 외부 파라미터를 생략합니다.

예를 들어, 기존 함수 정의를 다음과 같이 수정한다고 합시다.

스위프트

```
func isNumber(number: Int, sameAsString string: String) -> Bool {
    return "\(number)" == string
}
```

위 코드의 경우, 다음과 같은 방법으로 변수나 상수에 할당할 수 있습니다.

- let unspecifiedNumberFunction = isNumber
- let generalNumberFunction: (Int, String) -> (Bool) = isNumber
- let explicitNumberFunction = isNumber(number:sameAsString:)

이때의 각 저장된 이름으로 함수를 호출하는 방법은 다음과 같습니다.

스위프트

```
unspecifiedNumberFunction(1, "1")
generalNumberFunction(2, "2")
explicitNumberFunction(3, "3")
```

함수 타입을 광범위하게 사용할 계획이라면 타입을 더 기술적으로 정의하기 위해 타입 별칭을 사용하면 좋습니다.

스위프트

```
typealias numberToStringComparisonType = (Int, String) -> (Bool)

let typedNumberFunction: numberToStringComparisonType = isNumber
typedNumberFunction(4, "4")
```

위의 방식대로 하는 것이 무의미해 보일 수도 있습니다. 왜 기존의 함수 이름을 바로 호출할 수 있는데 굳이 다른 이름을 사용하는 함수를 호출할까요? 이는 함수 타입을 사용하면 다른 함수에 함수를 전달하거나 거기서 반환되는 함수를 받아 매우 유연하게 활용할 수 있기 때문입니다.

함수를 파라미터 값으로 사용

함수를 다른 함수에 전달하려면 새 함수 정의에서 함수 타입이 파라미터로 지정되어야 합니다. 앞서 정의한 함수를 다른 함수에 전달하려면 다음과 같습니다.

스위프트

```
func compareNumber(number: Int, toString string: String,
→ withComparator comparator: (Int, String) -> (Bool)) -> Bool {
    return comparator(number, string)
}
```

함수 정의가 구두점들로 복잡해지기 시작한다면 타입 별칭을 사용하는 게 편합니다.

스위프트

```
func compareNumber(number: Int, toString string: String,
→ withComparator comparator: numberToStringComparisonType) -> Bool {
    return comparator(number, string)
}
```

함수를 파라미터로 사용하고 싶다면, 이름을 파라미터 값으로 주면 됩니다.

스위프트

```
compareNumber(number: 5, toString: "5", withComparator: generalNumberFunction)
```

함수를 반환 값으로 사용

함수를 다른 함수에서 반환할 수 있으므로 개발자는 어떤 함수를 다른 함수로 호출할지 정하는 결정을 미루는 코드를 작성할 수 있습니다. '거꾸로' 작동하는 새로운 수 비교를 다음과 같이 소개했다고 가정합시다(정수를 문자열로 변환하는 대신, 문자열을 정수로 변환합니다).

스위프트

```
func compareStringToNumber(number: Int, string: String) -> Bool {
    if let convertedInt = Int(string) {
        return number == convertedInt
    } else {
        return false
    }
}


compareNumber(number: 6, toString: "6", withComparator: compareStringToNumber)
```

이제 두 비교 함수 중에서 선택할 수 있으니 부울 값에 따라 어떤 함수를 사용할지 종합적인 결정을 내릴 수 있습니다.

스위프트

```swift
func compareNumber(number: Int, toString string:String, forwards:Bool) -> Bool {
    if (forwards) {
        return compareNumber(number: number, toString: string, withComparator:
            → isNumber)
    } else {
        return compareNumber(number: number, toString: string, withComparator:
            → compareStringToNumber)
    }
}
```

여기에서 중복된 일부를 제거할 수 있습니다. forwards 값은 적절한 비교함수를 반환하는 함수로 전달될 수 있습니다. 함수를 반환하려면 함수 타입이 반환 타입으로 지정되어야 합니다. 이렇게 하면 '추가' 반환 타입이 있는 것처럼 보일 수 있다는 점을 주의해야 합니다. 조금 낯설게 보일 수도 있습니다.

스위프트

```swift
func selectComparator(forwards: Bool) -> (Int, String) -> (Bool) {
    if (forwards) {
        return isNumber
    } else {
        return compareStringToNumber
    }
}
```

위 코드가 있으면 compareNumber 함수는 다음과 같이 간략해질 수 있습니다.

```
func compareNumber(number: Int, toString string:String, forwards:Bool) -> Bool {
    let comparator = selectComparator(forwards: forwards)
        return compareNumber(number: number, toString: string, withComparator: comparator)
}
```

마무리

어떤 프로그래밍 언어에서든지 함수(와 메소드)는 코드를 처리할 수 있는 단위로 나눈 후 다시 사용하는 핵심적인 기능입니다. 여러 스크립트 언어와 C++ 언어, 자바 언어를 혼합한 듯한, 겉보기에는 기본적으로 보이는 구문의 배경에는 오브젝티브-C를 능가하는 강력하고 복잡한 기능들이 깔려 있고 그 기능들 덕분에 스위프트는 한층 안정적이고 세련된 언어가 되었습니다.

다음 장에서는 오브젝티브-C의 블록에 해당하는 클로저에 대해 알아 보겠습니다.

7장
블록과 클로저

블록은 iOS와 macOS 개발에서 상대적으로 새로운 개념입니다 애플이 오브젝티브-C에서 블록을 제공하기는 하지만 사실상 C 언어에 있던 기능을 개선한 것입니다.

하지만 블록을 구현하는 문법은 헷갈리고 외우기도 어렵고 직관적이지도 않습니다. 블록 코드 유형을 몇 가지 보여주는 Gosh Darn Block Syntax(http://goshdarnblocksyntax.com)와 같은 사이트가 만들어진 것을 봐도 블록을 사용하기가 꽤 어렵다는 것을 알 수 있습니다.

그럼에도 블록은 프로그래밍의 일부이며 API 곳곳에서 사용되고 있습니다. 애플은 블록 구문을 개선하고 많은 패턴에서 사용하는 구문을 단순화하여 기능을 최적화하려고 오랜 기간 노력했습니다. 또 블록의 이름을 좀 더 세련된 이름인 클로저(closure)로 바꿨습니다. 클로저라는 이름은 다른 언어들에 있는 같은 이름의 기능들과 좀 더 공통점이 많기 때문에 블록을 다루면서 헷갈릴 가능성이 적어졌지요. 여기에서는 오브젝티브-C의 블록에 해당하는 클로저에 대해 알아보겠습니다.

클로저 정의

오브젝티브-C의 블록과 스위프트의 클로저는 모두 쓰임새가 다양합니다. 이 둘로 파라미터를 전달하거나 반환 값을 받아올 수도 있고, 독립적으로 정의하거나 인라인으로 사용할 수도 있습니다. 또한 생성과 사용에 필요한 형식 구문이 덜 필요합니다. 그래서 클로저와 블록의 문법이 헷갈릴 수 있고, 바로 이런 이유로 애플은 클로저를 더 단순화하는 방법을 모색했습니다.

정의 생성

개발자 대부분은 대개 UIKit이나 AppKit에서 기존의 메소드에 블록을 전달할 때 블록을 처음 접합니다. 블록은 메소드 호출 인라인에서 쉽게 처리할 수 있기 때문에 그저 메소드만 호출하는 익명의 블록으로 생각될 수 있습니다. 구문은 덜 복잡해지고 다음 예문처럼 일반적 양식으로 압축됩니다.

오브젝티브-C

```
[object methodName:^ReturnType(ParamType1 paramName1, ParamType2 paramName2,
→ ...) {
    // Code within the block 블록 안 코드
}];
```

NSString 파라미터 두 개를 입력받고 NSString 하나를 반환하는 블록을 받는 메소드를 봅시다.

오브젝티브-C

```
[greetingMaker produceGreeting:^NSString *(NSString *format, NSString *name) {
    return [NSString stringWithFormat:format, name];
}];
```

위의 코드가 블록을 가장 쉽게 사용한 방법이라는 것을 감안하고 아래 코드를 보면 자연스레 애플이 클로저를 간략화하기 위해 노력했다는 것을 알 수 있습니다. 함수나 메소드에 클로저를 파라미터로 전달하고자 한다면 다음과 같은 구문을 사용합니다.

스위프트

```
object.methodName( { (paramName1: ParamType1, paramName2: ParamType2) ->
 (ReturnType) in
    // Code within the closure 클로저 안 코드
} )
```

위의 구문이 눈에 익을 수 있습니다. 함수나 메소드를 정의하는 데 사용되는 구문과 거의 같기 때문입니다. 다른 점이라고는 정의된 파라미터를 다음 코드 명령문대로 사용하라고 나타내는 in 키워드뿐입니다. 그리고 무엇보다도 좋은 점은 탈자 기호(^)를 어디에 써야하는지 기억할 필요가 없다는 것입니다! 이를 이용하면 이전에 다룬 produce-Greeting 예시가 스위프트에서 좀 더 간략해질 수 있습니다.

스위프트

```
greetingMaker.produceGreeting( { (format: String, name: String) -> (String) in
    return NSString(format:format, name)
} )
```

블록을 변수로 할당

오브젝티브-C 개발자들은 보통 블록의 인라인 생성에서 처음으로 구문을 이해하기

시작합니다. 하지만 이제야 좀 알겠다고 느낄 때쯤 또 다른 고비가 찾아옵니다. 바로 블록을 할당할 변수를 정의하는 것입니다. 탈자 기호와 소괄호가 다양하게 사용되는 바람에 탈자 기호와 소괄호의 위치는 기억하기가 어렵습니다.

오브젝티브-C

```
ReturnType (^blockVariableName)(ParamType1 paramName1, ParamType2 paramName2,
↪ ...);
```

그래서 후에 produceGreeting 메소드와 함께 사용할 블록을 참조할 변수를 생성하려면 다음과 같이 변수를 정의해야 합니다.

오브젝티브-C

```
NSString * (^greetingMaker)(NSString *, NSString *);
```

스위프트에서 클로저 변수를 생성하려면 다음과 같은 일반 구문이 필요합니다.

스위프트

```
var closureVariableName: (ParamType1, ParamType2, ...) -> (ReturnType)
```

스위프트 구문은 일반 함수나 메소드 정의와 상당히 비슷하기 때문에 기억하기가 쉽습니다. 클로저를 변수에 할당할 때 스위프트 구문을 타입 추론과 조합하면 더욱 쉬워집니다.

스위프트

```
var closureVariableName = { (paramName1: ParamType1, paramName2: paramType2,
↪ ...) -> ReturnType in
```

```
    // 클로저 안 코드
}
```

클로저를 생성하고 변수에 할당하는 예는 다음과 같습니다.

스위프트

```
var greetMaker = { (format: NSString, name: NSString) -> (NSString) in
    return NSString(format:format, name)
}
```

함수 파라미터로 받기

블록이 정의되는 또 다른 위치는 메소드로 전달된 파라미터들과 반환 값들입니다. 구문의 문법이 변화무쌍하기 때문에 오브젝티브-C 개발자들이 많이 어려워합니다.

오브젝티브-C

```
- (MethodReturnType)methodName:(BlockReturnType(^)(ParamType1, ParamType2,
    ...))blockParamName;
```

produceGreeting 메소드 정의는 다음과 같이 할 수 있습니다.

오브젝티브-C

```
- (NSString *)produceGreeting:(NSString *(^)(NSString *, NSString *))
    greetingMaker;
```

다행히, 파라미터로 클로저 타입을 사용하기 위한 스위프트 구문은 다른 곳에 사용할 때와 모양이 같습니다.

스위프트

```
func methodName(closureParamName: (ParamType1, ParamType2, ...) ->
→ (ClosureReturnType)) -> MethodReturnType { }
```

위와 같이 produceGreeting 메소드를 정의합니다.

스위프트

```
func produceGreeting(greetingMaker: (String, String) -> (String)) -> String { ... }
```

타입 별칭 생성

복잡한 블록 타입 정의를 간단하게 하기 위해 오브젝티브-C에서는 typedef를 사용합니다. 비록 다른 구문이 딸려오고 단점도 좀 있지만 유용한 방법이죠. typedef는 이름을 잘 짓지 않아도 블록 스스로 실제 동작을 숨길 수 있습니다. 블록 타입을 위한 typedef를 생성하는 방법은 다음과 같습니다.

오브젝티브-C

```
typedef ReturnType(^BlockTypeName)(ParamType1, ParamType2, ...);
```

다음과 같은 예제로 GreetingMakerType을 만들 수 있습니다.

오브젝티브-C

```
typedef NSString *(^GreetingMakerType)(NSString *, NSString *);
GreetingMakerType greetingMaker;
```

스위프트에서도 타입 별칭을 사용한 결과는 비슷합니다.

스위프트

```
typealias ClosureTypeName = (ParamType1, ParamType2, ...) -> (ReturnType)
```

다음과 같이 GreetingMakerType을 생성하고 그것을 produceGreeting 정의에서 사용할 수 있습니다.

스위프트

```
typealias GreetingMakerType = (String, String) -> String
func produceGreeting(greetingMaker: GreetingMakerType) -> String { ... }
```

클로저 실행

사실 클로저를 실행하는 방법은 오브젝티브-C의 블록을 실행하는 방법과 매우 유사합니다. 독립된 함수처럼 불러오면 되거든요.

오브젝티브-C

```
returnValue = closureVariableName(paramName1: param1, paramName2: param2, ...)
```

앞에서 생성한 greetMaker 클로저를 실행하려면 다음처럼 합니다.

스위프트

```
let greeting = greetMaker("Hello, %@!", "World")
```

다음은 오브젝티브-C에서 많이 봤던 패턴입니다. 블록을 실행하기 전에 블록 변수에서 not-nil 테스트를 실행하고 있죠.

오브젝티브-C

```
if (blockVariable != nil) {
    blockVariable();
}
```

논-옵셔널을 신중하게 사용하면 이런 크래시 보호 구문의 사용을 줄일 수 있습니다. 변수, 상수, 함수 파라미터가 옵셔널 값이 아니라면 절대 nil이 될 수 없으므로 직접 실행해도 안전합니다. 옵셔널 값이라면, 옵셔널 바인딩이 블록 값과 작동합니다.

클로저 최적화

클로저의 구문이 전반적으로 개선되었지만 인라인(inline) 클로저 정의를 좀 더 간소하게 분리하거나 조합하는 기법 몇 가지도 계속 사용할 수 있습니다.

암시적 반환

클로저 구문이 하나의 반환문으로 구성되어 있으면, return 키워드가 누락되어도 스위프트 컴파일러가 키워드를 추론해낼 수 있습니다.

스위프트

```
greetMaker = { (format: NSString, name: NSString) -> (NSString) in
    NSString(format:format, name)
}
```

이제 컴파일러는 클로저가 문자열을 반환하리라는 것을 알고는, 개발자를 대신해서 반환을 추가합니다.

타입 추론

타입 추론은 클로저 안에서 전달된 파라미터 유형을 추론하는 데에도 사용될 수 있습니다.

스위프트

```
greetMaker = { format, name in
    NSString(format:format, name)
}
```

이런 경우 format과 name의 타입과 그 반환 타입도 greetMaker로부터 추론됩니다. 두 개의 문자열을 취하고 하나의 문자열을 반환하는 클로저임이 이미 지정된 것입니다. 파라미터 이름들을 감싸고 있는 소괄호는 생략해도 좋습니다.

단축 인자 이름들

애플은 단축 인자 이름의 형식도 최적화했습니다. 타입 추론을 이미 사용 중이라면 in 키워드 전에 파라미터의 이름만 들어가도 되지만, 그 대신 파라미터 이름들을 일반 인덱스 파라미터($0, $1 등등)로 참조하면 파라미터 이름들과 in 키워드를 자유롭게 생략할 수 있습니다.

스위프트

```
greetMaker = {
    NSString(format:$0, $1)
}
```

이러한 최적화 기능의 효과는 아직 논쟁의 여지가 있습니다. 관용적 코드가 줄어든 것은 환영할 만하지만 클로저 코드가 유난히 복잡할 때는 가독성을 위해 파라미터 이름을 온전히 보존하는 편이 나을 수도 있으니까요.

후행 클로저 구문

스위프트에서는 클로저를 마지막 또는 유일한 파라미터로 함수에 전달할 때 클로저를 함수의 일반 소괄호 밖으로 빼낼 수 있습니다. 이는 클로저가 상당한 양의 코드로 구성되어 있을 때 특히 도움이 되고 가독성을 높이고 유지보수를 더욱 쉽게 할 수 있습니다.

스위프트

```
greetingMaker.produceGreeting() {
    NSString(format: $0, $1);
}
```

참고 이와 같은 구문이 가능한 클로저는 반드시 파라미터 목록에서 마지막 요소여야 합니다. 나머지 파라미터들은 반드시 제자리에 두고 소괄호로 감싸야 합니다.

연산자 함수

최적화가 너무 과하다고 생각할 수 도 있지만 스위프트 개발자들은 다음과 같은 구문도 유효하도록 허용하였습니다.

스위프트

```
var match = pair.matches(==)
```

위 코드를 이해하려면, 짝 맞추기 게임의 카드처럼 한 쌍의 항목을 나타내는 다음의 구조체를 살펴보면 됩니다(구조체에 대해서는 10장에서 자세히 살펴 보겠습니다).

스위프트

```
struct Pair {
    var first:String, second:String
    func matches(_ comparison:(String, String) -> Bool) -> Bool {
        return comparison(first, second)
    }
}
let pair = Pair(first: "Swift", second: "Swift")
```

구조체는 문자열 두 개(여기서는 둘 다 "Swift")로 생성되었고, 제공된 클로저를 사용하여 문자열 두 개를 비교하는 matches라는 함수를 포함하고 있습니다. 이것으로 코드 사용자는 독자적인 '짝 맞추기 알고리즘'을 제공할 수 있습니다.

스위프트

```
var match = pair.matches({ (left: String, right: String) -> Bool in
    return left == right
})
```

앞에서 설명한 최적화된 기능들을 이용하면 위 코드를 간략하게 줄일 수 있습니다.

1단계) Inferred types 추론된 타입

```
match = pair.matches({ left, right in
    return left == right
})
```

2단계) Shorthand argument names 인자 이름 축약

```
match = pair.matches({ return $0 == $1 })
```

3단계) Implicit return 무조건 반환

```
match = pair.matches({ $0 == $1 })
```

이렇게 하면 구문이 깔끔해지지만, 스위프트의 코드가 가독성이 좋다는 게 정말인지 의심이 생긴다면, 마음 놓으세요. 연산자 함수라는 또 다른 최적화 기능이 있거든요. 클로저 타입이 연산자 타입과 일치한다면(예를 들어, 문자열과 문자열을 비교하고 부울로 반환한다면), 클로저 구문의 나머지를 연산자로 대체할 수 있습니다.

스위프트

```
match = pair.matches(==)
```

이런 기능이 있다는 것만 아시고 이제 잊어버리세요(우리가 쓴 코드를 관리해야 하는 사람들을 위해서 말입니다).

값 캡처링

클로저로 이름 지은 이유는 클로저가 둘러싼 범위 안에서 값을 에워싸거나 캡처할 수 있기 때문입니다. 오브젝티브-C의 블록과 같은 동작이죠.

스위프트와 오브젝티브-C 사이에서 유일하게 중요한 차이점은 스위프트에는 블록 변경자(modifier)가 없다는 것입니다. 오브젝티브-C에서는 블록으로 캡처되거나 블록 안에서 변경된 모든 값이 반드시 블록 변경자로 표시되어야 하고, 그렇게 되면 값이 참조로 캡처되어야지 블록의 범위 안에서 값으로 복사되기만 하면 안 된다는 것을 컴파일러가 알게 됩니다.

오브젝티브-C 컴파일러는 캡처된 값을 개발자가 수정하면 이를 감지하고 오류로 표시하여, 개발자가 캡처된 변수에 블록 변경자를 추가해서 참조로 캡처할 수 있다고 알려줍니다. 스위프트 컴파일러는 한 층 더 나아가 필요할 때 참조로 캡처하는 작업을 자동으로 합니다. 유일한 단점은 어떤 변수들이 클로저에서 변경되려는지 알려주는 시각적 신호가 없다는 것입니다.

마무리

스위프트의 클로저는 블록의 기본적인 기능과 사용성을 대부분 유지하고 있습니다. 다만 좀 더 사용하기 편리하게 개선되었을 뿐입니다. 클로저를 정의하고 사용하는 방법이 다양하지만 구문의 일관성은 더 높아졌고, 함수와 메소드에 사용되는 구문 역시 일관성이 높습니다. 다음 장에서는 스위프트의 자체 문자열 지원, 일반 NSString 연산자의 동작을 그대로 수행하는 법, 필요할 때 NSString과 상호작용하는 법을 알아보겠습니다.

8장
문자열

문자열(String)은 어떤 프로그래밍 언어에서도 핵심 요소입니다. 다른 프로그래밍 언어 대부분이 고유의 문자열을 만족스럽게 발전시켜 지원하고 있는 반면, 의외로 오브젝티브-C는 애플의 파운데이션 라이브러리에 의존해 C 언어의 저급한 문자열 함수에서 약간 발전시킨 기능들을 제공하는 수준에 머무르고 있습니다.

스위프트의 강력한 고유 문자열 타입(이름까지 편리하게도 String이죠)은 NSString과 함께 쓸 수 있도록 설계되었습니다. NSString이 AppKit과 UIKit 프레임워크에 임베드될 수 있다는 점을 생각하면, NSString을 사용할만한 자리에 String을 쓸 수 있다는 사실(그 반대의 경우도 가능하죠)에 어느 정도 안도감이 듭니다.

스위프트에서 문자열은 구조체로 구현되고, 기본적으로 Character 값의 집합으로 이루어집니다. Char의 크기가 1바이트인 오브젝티브-C와 달리 스위프트의 Character는 유니코드 문자이며, String 타입이 자체적으로 유니코드를 처리합니다.

문자열 구성

어떤 프로그래밍 언어에서도 문자열의 역할이 중요한 것처럼, 스위프트도 당연히 문자열의 생성과 사용을 위한 리터럴 구문(Literal Syntax)이 존재합니다. 객체 타입의 String에 생성자로 쓸 수 있는 init 메소드도 있긴 하지만, 이런 식으로 생성된 문자열은 찾아보기 쉽지 않습니다.

스위프트

```
let initString = String.init("By init")
let constructorString = String("By constructor")
let literalString = "By literal syntax"
```

NSString과 달리 스위프트는 덧셈 연산자(+)를 이용하여 두 개의 문자열을 연결할 수 있습니다. 연결(Concatenation)을 표시하려고 '문자열을 추가한다'는 개념을 사용하는 데 반대하는 사람들이 있기는 합니다. 하지만 이런 개념은 곧바로 이해하는 개발자가 많을 정도로 프로그래밍 언어에서 잘 쓰이는 패턴입니다.

스위프트

```
let concatenatedString = "Hello, " + "World!"
```

다른 고급 프로그래밍 언어들처럼 문자열 삽입으로 쉽게 상수나 변수에서 문자열을 생성할 수 있습니다. NSString에서 하듯 문자열을 초기화하는 작업은 필요 없습니다. 스위프트에서 직접 삽입 구문(direct interpolation syntax)을 제공하기 때문입니다. 변수나 상수를 문자열에 포함하려면 이름 앞에 백슬래시를 붙이고 이름의 앞뒤로 소괄호를 열고 닫으면 됩니다.

스위프트

```
let entity = "World"
let interpolatedString = "Hello, \(entity)!"
```

참고

문자열에 포함된 실제 값은 삽입된 변수나 상수로 호출된 description 메소드의 결과입니다.

String은 기존 문자열에서 구성하는 방법도 있지만 Character 유형에서 만드는 방법도 있습니다. 하나의 문자열을 만들기 위해서는 Character를 취하는 이니셜라이저를 쓰면 됩니다.

스위프트

```
let character: Character = "="
let characterString = String(character)
```

String은 반복된 문자 하나에서 문자열을 만들어 낼 수 있는 편의 메소드를 제공합니다. 예를 들어, 애플리케이션 로그 파일에 분할선 만들어야 한다면 아래와 같이 등호가 들어간 20자 길이의 문자열을 만들 수 있습니다.

스위프트

```
let dividingLine = String(repeating: characterString, count: 20)
```

문자열 조작

직접 생성한 문자열이나 API와 프레임워크에서 받은 문자열과 상호작용하는 것은 대부분의 OS X과 iOS 개발에 필수입니다. 이러한 상호작용 과정은 검토하기, 비교하기, 수정하기, 세 가지로 나눌 수 있습니다.

문자열 값 검토

스위프트에서 문자열을 가지고 작업할 때는 대개 문자열에 담긴 특정 문자를 가리키는 인덱스, 즉 연속된 문자 배열을 보여주는 인덱스 범위를 사용해야 합니다. NSString 메소드도 대개 문자열 조작에 접근하는 방식이 비슷한데, 한 가지 아주 중요한 차이가 있습니다. NSString은 인덱스, 혹은 범위가 정수 값에 기초하는데 비해, 스위프트는 그렇지 않다는 것입니다.

스위프트 문자열이 문자의 콘텐츠에 따라 크기가 달라질 수 있는 문자 값의 집합에 기초한다는 사실을 앞서 밝힌 바 있습니다. NSString에서는 n이라는 정수 인덱스를 문자열 조작 메소드로 전달하면, 문자열 첫 부분에서 n바이트 떨어진 곳에서 조작을 하라는 것을 뜻합니다. 스위프트 문자열로 같은 작업을 해보면 메소드가 잘못된 문자를 조작하려 들거나, 더 심할 경우, 2바이트인 멀티바이트 문자 사이를 헤집어 들려고 할지도 모릅니다.

이런 문제를 해결하기 위해서 스위프트 문자열 메소드는 일반 정수 대신 문자열 자체에서 나오는 String.Index 인스턴스를 인덱스로 취합니다. 이 인덱스를 이용하여 함수를 호출하면 안전하게 문자열을 검토해볼 수 있어서, 사용자가 바이트 대신 문자의 측면에서 문자열을 조작하는 것이 실제로 가능해졌습니다.

각 문자열은 속성을 통해 기본 인덱스로 startIndex와 endIndex 들을 제공합니다. 이 두 인덱스는 요청이 떨어질 경우 각각 문자열의 시작과 끝을 가리키기 위해 생성됩니다.

String 유형은 첨자 기호를 지원하기 때문에 유효한 String.Index 값을 공급함으로써 한 문자를 읽을 수 있습니다. 예를 들어 보겠습니다.

스위프트

```
var string = "string"
var index = string.startIndex
var character = string[index]
```

문자열을 따라 인덱스를 옮기고자 할 때는 String.Index와 옮길 만큼의 문자의 수를 String 객체에 속한 메소드인 index(_:offsetBy:)에 전달하면 됩니다. 두번째 문자를 읽으려면 인덱스를 1만큼 옮겨줍니다.

스위프트

```
index = string.index(index, offsetBy: 1)
let secondCharacter = string[index]
```

뒤로 가려면 음수 값을 offsetBy 파라미터에 넣고, 문자열 끝에서부터 뒤로 가면서 작업을 하려면 endIndex를 시작점으로 삼으면 됩니다. endIndex가 문자열의 제일 마지막, 즉 마지막 문자 다음을 가리킨다는 것은 명심할 점입니다. 마지막 문자로 가려면 -1만큼 'offsetBy'하고, 끝에서 둘째로 가려면 -2만큼 'offsetBy'하는 식이라는 이야기죠.

스위프트

```
index = string.endIndex
index = string.index(index, offsetBy: -2)
let secondLastCharacter = string[index]
```

String.Index 값은 조심해서 다뤄야 합니다. 인덱스가 기존 문자열과 묶여 있기 때문에 한 문자열의 인덱스를 사용해 다른 문자열의 콘텐츠에 접근하는 일은 위험합니다. 게다가 문자열의 끝을 넘겨서 인덱스를 어드밴스하려다 보면 런타임 에러가 발생합니다. 무엇을 써야 할지 확신이 서지 않는다면 endIndex에서 한 문자 뒤로 'offsetBy'해서 얻을 수 있는 마지막 문자의 인덱스를 쓰면 문제될 일이 없습니다.

스위프트 String 유형은 NSString에서 제공하는 length 속성와 유사한 기능은 없지만 대신 스위프트 표준 라이브러리 기능인 count을 characters 속성을 통해 쓸 수 있습니다. 이렇게 하면 문자열에 든 문자의 수가 반환됩니다. 하지만 문자열을 저장하는 데 필요한 바이트의 수는 알 수 없다는 것을 기억해 두어야 합니다.

스위프트

```
let stringLength = string.characters.count
```

index(_:offsetBy:) 메소드와 문자열 길이의 정보를 합쳐서 문자를 반복해 보고 싶은 충동이 들 수도 있겠지만 그럴 필요가 없습니다. 스위프트 String 타입은 SequenceType 프로토콜을 따르므로, for-in 반복문을 사용하면 문자를 반복할 수 있습니다.

스위프트

```
for character in string {
    print(character)
}
```

문자열 비교

문자열 비교는 모든 현대 프로그래밍 언어에서 중요하면서도 실수하기 쉬운 부분입니다. NSString이었든 C 문자열이었든, 오브젝티브-C에서 두 개의 문자열을 비교하려다 오류가 발생한 적이 있을 겁니다. 두 개의 NSString을 동등연산자(==)를 써서 비교하겠다거나, strcmp의 결과 값이 0이 아니면 된다는 가정은 합리적인 것 같지만 막상 어떤 단계에 이르러서는 이것이 완전히 틀린 가정이었다는 사실을 깨닫게 됩니다.

고맙게도 스위프트에서는 문자열을 정확하게 비교할 수 있게 되었습니다. 두 문자열을 비교할 때 동등연산자를 쓰면 결과에 따라 true나 false가 반환됩니다.

스위프트

```
let string1 = "string"
let string2 = "strong"
let string3 = "string"

string1 == string2 // returns false
string1 == string3 // returns true
```

예상했겠지만 부등연산자(!=)도 당연히 쓸 수 있습니다.

스위프트

```
string1 != string2 // returns true
```

참고 동등연산자를 이용해 두 문자열을 직접 비교하는 기능이 생기면서 문자열 비교는 한층 강화된 switch문에서 편리하게 쓸 수 있게 되었습니다. 만약 if 조건문에서 문자열을 자주 비교해야 한다면 switch를 사용하는 것도 좋은 방법입니다.

작다(〈)와 크다(〉)를 나타내는 연산자도 문자열에 사용할 수 있으므로, 한 문자열을 알파벳순으로 비교해서 다른 문자열 앞에 둘지 뒤에 둘지를 결정하는 데 그 두 연산자를 쓸 수 있습니다. 이 과정에서 〈= 또는 〉=를 쓰는 식으로 동등성 체크까지 엮어서 할 수도 있습니다.

스위프트

```
let string4 = "strung"

string1 < string2 // returns true
string4 > string2 // returns true
string3 <= string1 // returns true
```

오브젝티브-C는 문자열이 비었는지 여부를 자주 확인합니다. 주로 문자열을 빈 리터럴 문자열에 비교하거나 문자열 길이를 0에 비교하는 식으로 진행됩니다. 반면 스위프트는 앞에서와 같이 작업이 번거롭지 않게 isEmpty 속성을 제공하며, 문자열이 비었을 경우 true를, 문자를 포함할 경우 false를 반환합니다.

스위프트

```
string1.isEmpty // returns false
```

스위프트의 문자열은 문자열에 해당 접두사 또는 접미사가 포함되어 있는지를 체크하는 방법을 제공하여, 일치가 나타날 경우 true나 false를 반환합니다.

스위프트

```
string1.hasPrefix("str") // returns true
string2.hasSuffix("ng") // returns true
```

아쉽게도 스위프트는 아직 자체적으로 정규 표현식을 처리하지 않습니다. 하지만 복잡한 문자열 일치 기능이 필요하면 언제든지 NSRegularExpression을 사용할 수 있습니다.

문자열 콘텐츠 수정

NSString은 가변 문자열이 따로 있지만, String은 변수나 상수를 선언하는 것만으로 쉽게 가변이나 불변을 정의할 수 있기 때문에 가변 문자열이 따로 없습니다. 문자열 변수는 여러 가지 방법으로 직접 조작이 가능합니다.

문자열 추가 또는 문자 추가하기

기존 문자열 끝에 문자열을 추가할 때는 append라는 메소드를 사용합니다.

스위프트

```
string.append(".swift")
```

Character 하나를 기존의 문자열 끝에 추가할 때에도 역시 append 메소드를 사용합니다.

스위프트

```
let character: Character = "!"
string.append(character)
```

문자열 또는 문자 삽입하기

기존 문자열 안에 문자열을 삽입하려면 insert(contentsOf:at:) 명령이 필요합니다. 이 명령은 결합할 Character 콜렉션과 그 결합이 어디서 일어날 것인지를 보여주는 인덱스를 취합니다. 서브스크립트 연산자를 이용해 문자열에서 문자를 하나하나 검색하던 String.Index 타입과 같은 타입입니다. 전과 마찬가지로 문자열을 삽입하고 싶은 지점까지 인덱스를 offsetBy 해서 얻어진 인덱스와 Character 콜렉션 타입의 새 문자열을 insert(contentsOf:at:) 메소드에 전달합니다.

스위프트

```
var string = "string"
var index = string.startIndex
index = string.index(index, offsetBy: 2)
string.insert(contentsOf: "utt".characters, at: index) // 결과는 "stuttring"
```

단어의 모음을 빼고 만든 문자열에 모음을 넣고 싶어질 수도 있겠죠. 이렇게 문자열이 아닌 글자 하나를 삽입하려면 insert(_:at:) 메소드를 사용합니다.

스위프트

```
index = string.index(index, offsetBy: 3)
string.insert("e", at: index) // 결과는 "stuttering"
```

특정 범위의 문자 교체하기

replaceRange 메소드는 기본 문자열에서 제거하고 새 문자 집합으로 대체할 문자의 범위를 지정하는 데 사용됩니다. 문자의 범위는 반드시 그 문자열 고유의 인덱스에 기초해서 정해야 합니다.

스위프트

```
var firstIndex = string.index(string.startIndex, offsetBy: 1)
var secondIndex = string.index(firstIndex, offsetBy: 6)
```

```
var range = firstIndex ... secondIndex
string.replaceSubrange(range, with: "imulati") // 결과는 "simulating"
```

한 글자나 일정 범위 안에 든 글자 삭제하기

기존 문자열에서 일정 범위 안에 든 문자들을 삭제하려면 removeSubrange 메소드를 사용합니다.

스위프트
```
firstIndex = string.index(string.startIndex, offsetBy: 1)
secondIndex = string.index(firstIndex, offsetBy: 4)
range = firstIndex ... secondIndex
string.removeSubrange(range) // 결과는 "sting"
```

기존 문자열에서 한 문자를 제거하려면 제거할 문자의 String.Index를 지정한 뒤에 remove(at:) 메소드를 호출합니다. 이 메소드로 제거된 문자를 반환할 수도 있습니다.

스위프트
```
firstIndex = string.index(string.startIndex, offsetBy: 1)
var removedCharacter = string.remove(at: firstIndex)
print(string) // "sing"이 출력됨
```

문자열에서 문자 모두 제거하기

문자열에서 콘텐츠를 비워버리고자 할 때는 removeAll 메소드를 호출합니다. 기존 문자열의 공간을 남겨둘지 아닐지를 지정하는 데에는 부울(Bool) 타입의 keepingCapacity 파라미터가 필요합니다. 문자열을 다시 쓸 계획이라면 이미 있는 공간은 성능 향상 수단으로서 보존할 가치가 있을 겁니다.

스위프트

```
string.removeAll(keepingCapacity: false)
```

NSString과 상호작용하기

String이 NSString보다 더 편리하게 향상된 기능들을 선보이고 있기는 하지만 아직까지 NSString이 String에 비해 우위를 차지하는 부분도 있습니다. 좋은 소식은 String과 NSString이 아주 밀접하게 연결되어서 스위프트 코드 작업 중에 호환해서 사용이 가능하다는 것입니다. NSString이 필요한 API에 String을 사용할 수도 있고, NSString에서 쓸 수 있는 메소드의 대부분을 스위프트 String 타입에서 호출할 수 있죠. 이렇게 두 가지 타입을 모두 쉽게 다룰 수 있기 때문에 오래된 프레임워크로 작업할 때 일이 훨씬 편해졌습니다. 스위프트에서 문자열 범위를 통째로 처리하는 특성도 이런 장점 덕분입니다.

NSString에 한정된 메소드를 사용하려면 Foundation 프레임워크를 직접 임포트하든지, UIKit이나 AppKit을 임포트하든지, 둘 중 하나는 꼭 임포트해야 합니다.

부분 문자열

String 객체 생성과 검토를 살펴보는 동안 중요한 기능 하나를 빠트렸습니다. 바로 기존 문자열에서 문자열을 생성하는 기능입니다. 이 기능은 스위프트 String 타입의 세 가지 메소드를 통해 이용 가능합니다.

스위프트

```
var sourceString = "exponentially"

var fromIndex = sourceString.index(sourceString.endIndex, offsetBy: -4)
sourceString.substring(from: fromIndex)

var toIndex = sourceString.index(sourceString.startIndex, offsetBy: 8)
sourceString.substring(to: toIndex)

fromIndex = sourceString.index(sourceString.startIndex, offsetBy: 3)
toIndex = sourceString.index(fromIndex, offsetBy: 2)
sourceString.substring(with: fromIndex ..< toIndex)
```

변환

스위프트 String 타입은 이전부터 있던 유용한 문자열 '변환' 메소드와 속성을 다수 제공합니다. 이들은 원래의 문자열을 수정하는 대신 변환된 문자열을 반환합니다.

스위프트

```
var conversionString = "swift string"
conversionString = conversionString.uppercased()
conversionString = conversionString.lowercased()
conversionString = conversionString.capitalized
```

경로 수정과 URL 메소드

스위프트에는 없지만 NSString에는 파일시스템 경로 작업에 편리한 API가 있습니다. 몇몇 메소드가 실제로 옵셔널 문자열(String?)을 반환한다는 점을 알면 API를 제대로 활용할 수 있습니다.

스위프트

```
var path = "/Users"

path = (path as NSString).appendingPathComponent("mkelly")
path = (path as NSString).appendingPathComponent("Documents")
path = (path as NSString).appendingPathComponent("Swift Translation Guide")
path = (path as NSString).appendingPathComponent("Strings")
path = (path as NSString).appendingPathExtension("swift")!

path = (path as NSString).deletingPathExtension
path = (path as NSString).deletingLastPathComponent
```

API는 사용자 대신 URL 인코딩 문제를 처리해 주기도 합니다.

스위프트

```
path = (path as NSString).addingPercentEncoding(withAllowedCharacters:
    .urlHostAllowed)!
```

명시적 NSString 생성

문자열 타입을 자유롭게 호환할 수 있게 되었지만 스위프트 코드에서 명시적 NSString이나 NSMutableString을 생성하는 것도 여전히 가능합니다.

스위프트

```
var nsString = NSString(format: "From %@", "NSString")
let nsMutableString = NSMutableString(format: "From %@", "NSString")
nsMutableString.replaceCharacters(in: NSRange(location: 5, length: 8),
    with: "NSMutableString")
```

NSString 객체가 스위프트 변수에 할당될 수는 있지만 그렇다고 NSString 객체가 가변적인 것은 아닙니다. 단지 변수인 nsString이 다른 NSString 객체를 가리키게 될 따름입니다.

또 NSMutableString을 생성해 상수에 할당했다 하더라도 계속해서 콘텐츠를 수정할 수 있다는 점도 기억해 두어야 합니다. 다시 말하지만, 변하지도 않고 변경도 안 되는 것은 참조 밖에 없습니다.

이런 동작들은 직관적이지 않아서 되도록 스위프트 타입을 이용하는 것이 좋습니다. 기존 코드에 NSString(특히 length처럼 스위프트 문자열에서 쓰지 못하는 메소드)가 많이 쓰일 경우, 기존 코드를 스위프트에 복사하는 동안 명시적 NSString 참조를 쓰는 것도 좋습니다.

유니코드

스위프트 문자열은 유니코드(Unicode)를 온전히 인식합니다. 따라서 스위프트 문자열을 안전하게 처리하기 위해서는 몇 가지 신경 써야 하는 부분이 있습니다. 너무 비실용적인 예일지 모르지만, 아일랜드 계 이름으로 설명해보죠.

스위프트

```
var accentedString = "Aoibhínn"
```

이 이름에는 강세 문자가 들어 있습니다. 그런데 'i'에 있는 점을 대신하는 모양새이기 때문에 간과하기가 쉽습니다. 이때 문자를 카운트하면 여기서는 8이 반환됩니다.

스위프트

```
accentedString.characters.count // returns 8
```

하지만 유니코드 바이트로 카운트하게 되면, 8 대신 9가 나옵니다. 이렇게 나오게 하려면 문자열에 utf8 속성(property)을 요청하고 요소들을 카운트합니다.

스위프트

```
accentedString.utf8.count // returns 9
```

이 경우, 강세가 붙은 글자는 2바이트로 나타납니다. 왜 글자를 카운트해주는 기본 기능을 사용하지 말고 String.index로 문자열을 훑어주어야 하는지, 그 까닭을 보여주는 예입니다.

참고

String은 UTF16을 utf16으로, 유니코드 스칼라(Unicode scalars)를 unicodeScarlars로도 표시합니다.

스위프트의 문자열 비교 연산자는 UTF 인코딩들의 차이를 계산에 넣을 정도로 영리합니다. 예를 들어, 'Aoibhínn'은 직접 입력할 수도 있지만 'i'에 뾰족한 강세 문자를 조합해서 생성할 수도 있습니다.

스위프트

```
var alternativeConstruction = "Aoibhi\u{301}nn"
```

대체 생성된 요소를 카운트해도 계속해서 여덟 문자가 나오지만 UTF8에 표시되는 결과는 unicodeString.utf8에 표시되는 결과와 다릅니다.

스위프트

```
alternativeConstruction.characters.count // returns 8
alternativeConstruction.utf8.count // returns 10
```

문자열을 비교할 때 스위프트는 유니코드 문자를 인식합니다. 생성 과정도 다르고, 바이트 카운트 방식도 다르지만 그래도 이 두 문자열을 직접 비교한 결과는 같습니다.

스위프트

```
accentedString == alternativeConstruction // returns true
```

마무리

오브젝티브-C와 비교하면 스위프트는 단지 자체적으로 문자열을 구현한다는 점에서 더 현대적인 언어처럼 느껴집니다. API를 비롯해 몇 가지 편리한 메소드들을 제공하는 NSString과 완벽하게 일치하지는 않지만 유니코드를 완벽 지원하는 특성 덕분에, 특히 앱 개발자들이 현지화를 시작하면서 아주 강력해졌습니다. String과 NSString의 호환성이 매우 좋아서, 문자열을 즐겨 사용하는 개발자라면 이 둘의 장점을 모두 이용할 수 있습니다.

다음 장에서는 스위프트의 클래스 구현에 대해서 알아 보겠습니다.

9장
클래스

스위프트는 오브젝티브-C와 마찬가지로 객체 지향 프로그래밍언어입니다. 스위프트의 핵심 객체인 클래스에서는 객체 지향 언어의 특징인 상속(inheritance), 다형성(polymorphism), 캡슐화(encapsulation)가 모두 제공됩니다. 세 가지 특징을 기반으로 스위프트에서 어떻게 클래스를 구현하는지 알아 보겠습니다.

클래스 정의

오브젝티브-C에서 클래스를 정의하려면 헤더용 파일과 구현용 파일 두 개와, 각 파일 안에는 @interface와 @implementation 영역이 시작되는 곳을 가리키는 특수 키워드가 작성되어 있어야 합니다.

스위프트는 클래스 정의 작업을 단순화하였습니다. class 키워드를 입력하고 뒤이어 클래스 이름과 중괄호를 입력하기만 하면 한 파일 안에서 클래스를 정의할 수 있습니다.

스위프트

```
class VolumeControl {

}
```

간단하지만, 이것으로 클래스 정의가 끝났습니다. 이를 인스턴스화하려면 빈 이니셜라이저를 호출하면 됩니다.

스위프트

```
let volumeControl = VolumeControl()
```

하지만 메소드나 데이터가 전혀 없기 때문에 지금 당장은 이 클래스를 가지고 할 수 있는 것이 많지 않습니다.

메소드

6장에서는 스위프트 함수를 학습하면서 메소드는 객체 타입에 부착된 함수일 뿐이라는 점을 강조했습니다. 메소드를 정의하는 구문은 함수를 위한 구문과 동일하되, class 블록 안에서 정의된다는 점이 가장 큰 차이점입니다. 스위프트에서 메소드는 인라인으로 선언됩니다.

스위프트

```
class VolumeControl {
    func pumpItUp() { }
}
```

메소드를 실행하려면 인스턴스 값에 멤버 접근 연산자(.)를 쓴 다음 함수 호출하듯 메소드를 호출하면 됩니다.

스위프트

```
volumeControl.pumpItUp()
```

전역 함수와 달리 객체 메소드는 클래스 메소드(스위프트 용어로는 타입 메소드)나 인스턴스 메소드가 될 수 있습니다. 오브젝티브-C에서는 프로토타입(또는 선언)에 덧셈(+)이나 뺄셈(-) 기호가 앞에 붙어 클래스와 인스턴스 메소드가 구분됩니다. 하지만 스위프트에서는 func 키워드 앞에 class 키워드를 선언하지 않는 이상 모든 메소드가 인스턴스 메소드로 간주됩니다.

스위프트

```
class VolumeControl {
    func pumpItUp() { }
    class func controlName() -> String { return "Volume" }
}
```

타입 메소드를 사용하기 위해 호출해야 하는 것은 인스턴스 값이 아니라 클래스 타입입니다.

스위프트

```
VolumeControl.controlName()
```

오브젝티브-C를 쓰는 개발자는 클래스 타입을 얻기 위해 인스턴스 값의 class 속성(property)을 주로 사용하고, 그렇게 얻은 클래스 타입을 사용해 클래스 메소드를 호출합니다. 스위프트를 쓰는 개발자는 이 같은 작업을 할 때 클래스 인스턴스에서 쓸 수 있는 dynamicType 속성을 사용합니다.

스위프트

```
volumeControl.dynamicType.controlName()
```

속성

오브젝티브-C에서 속성은 다음과 같은 구문을 사용해 정의합니다.

오브젝티브-C

```
@property 타입 이름;
```

이 구문은 백그라운드 작업들을 실행하여 속성(property)을 표시하기 위한 인스턴스 변수(ivar)을 생성하고, 속성 값(property value)이 접근 가능해지도록 획득자 메소드를 생성하며, 속성 값을 업데이트할 수 있게 설정자 메소드를 생성합니다. 길이가 짧은 코드치고는 하는 일이 많습니다.

스위프트의 속성은 오브젝티브-C의 속성과 많이 다릅니다. 그리고 성격도 두 가지로 나눌 수 있습니다. 바로 저장 속성(stored property)와 계산 속성(computed property) 입니다.

저장 속성

스위프트의 저장 속성(stored property)은 오브젝티브-C의 일반 속성(regular property)과 유사합니다. class 바디 안에서 상수나 변수로 선언됩니다.

스위프트

```
class VolumeControl {
    var level = 0
    let maxLevel = 9
}
```

위에 예로 든 것은 0으로 초기화된 level이라는 속성입니다. 저장 속성은 선언할 때나 이니셜라이저를 쓸 때, 사용 전에 반드시 초깃값을 할당해야 합니다. 우리는 아직 이니셜라이저가 없으니 여기서는 이 코드가 level에 값을 할당합니다. 일반적인 변수와 상수처럼, 속성에도 타입 추론(여기서는 Int로 되는 타입 추론)을 이용할 수 있고, 속성을 옵셔널 타입으로 만들 수도 있습니다.

속성 값을 읽으려면 클래스 인스턴스에 멤버 접근 연산자(.) 다음에 속성 이름을 입력하면 됩니다.

스위프트

```
var level: Int
level = volumeControl.level // returns 0
level = volumeControl.maxLevel // returns 9
```

새로운 값을 설정하려면 클래스 인스턴스에서 멤버 접근 연산자를 입력한 다음 속성 이름과 할당연산자를 적으면 됩니다. 상수 속성은 이런 식으로 업데이트할 수 없다는 점을 기억해 둡시다.

스위프트

```
volumeControl.level = 1
level = volumeControl.level // returns 1
volumeControl.maxLevel = 5 // 오류가 발생
```

여기까지는 오브젝티브-C의 도트 구문과 비슷하지만, 실은 엄청난 차이가 있습니다. 오브젝티브-C에서 도트 구문은 미리 정의된 명명법에 따라 기본 메소드를 호출하는 대체 수단입니다. 오브젝티브-C에서는 아래와 같이 표현할 수도 있습니다.

오브젝티브-C

```
NSInteger level;
level = [volumeControl level];
[volumeControl setLevel:1];
level = [volumeControl level];
```

스위프트에는 이와 같은 것이 없습니다. level로 명명된 저장 속성을 정의한다고 해

서 setLevel(Int)와 level() -> Int로 명명된 메소드 한 쌍이 자동으로 생성되지는 않습니다.

오브젝티브-C 개발자들이 주의해야 할 부분이 바로 여기입니다. 저장 속성에서 이런 메소드들을 구현할 수 없다는 것은 평소 획득자와 설정자를 통해 적용하던 수많은 패턴을 사용할 수 없게 됨을 의미하기 때문입니다.

- ▶ 설정자를 이용해 다른 속성 계산하고 업데이트하기
- ▶ 속성 업데이트가 필요한지 알아보기
- ▶ 속성 변화에 다른 메소드 호출해 응답하기
- ▶ 속성 초기화 지연하기(lazy)

다행히 스위프트에는 연산 속성, 지연(lazy) 저장 속성, 속성 감시자처럼 위와 같은 효과들을 그대로 얻을 수 있는 새로운 기능이 많이 있습니다.

계산 속성

계산 속성은 수정할 기본 변수가 없으며 단지 다른 속성을 조작하는 수단으로 사용됩니다. 계산 속성을 정의하는 방법은 속성 정의 다음에 get 메소드를 작성하고, 추가로 필요하다면 set 메소드를 지정하는 것입니다.

스위프트

```
var internalLevel = 0
var level: Int {
    get {
        return internalLevel
    }
```

```
    set(newLevel) {
        internalLevel = newLevel
    }
}
```

계산 속성은 변수 정의나 상수 정의 다음에 오는 코드 블록의 유무로 구분됩니다. get 과 set 메소드는 해당 블록 안에서 지정되어야 합니다. 일반 메소드 정의나 함수 정의에서와 달리 get 메소드는 속성 타입에서 추론되는 반환 타입이나 소괄호를 포함하지 않습니다.

set 메소드는 파라미터 타입 없이 정의할 수도 있고, 파라미터 이름을 완전히 빼버리고 축약된 형태를 취하게 할 수도 있습니다. 이렇게 축약된 형태가 사용되면 전달된 파라미터는 이름을 newValue로 가정합니다.

스위프트

```
var internalLevel = 0
var level: Int {
    get {
        return internalLevel
    }
    set {
        internalLevel = newValue
    }
}
```

set 메소드는 필요 없을 경우 삭제할 수 있습니다. 그러나 get 메소드는 삭제할 수 없습니다.

스위프트

```
var internalLevel = 0
```

```
var level: Int {
    get {
        return internalLevel
    }
}
```

하지만 get 메소드만 작성되어 있을 경우에는 다음과 같이 단축할 수 있습니다.

스위프트

```
var internalLevel = 0
var level: Int {
    return internalLevel
}
```

계산 속성은 class 키워드를 사용해 타입 레벨로 정의할 수도 있고, 그 경우 타입 속성으로 알려집니다. 저장 속성은 타입 속성으로 정의할 수 없습니다. 즉 계산 타입 속성은 고유의 데이터에서 나온 연산 값이나 다른 타입 속성에서 나온 계산 값, 또는 타입 메소드에서 나온 계산 값에 한정된다는 이야기입니다.

지연 저장 속성

지연된 초기화(lazy initialization)를 실행할 때 계산 속성을 사용할 수도 있지만 이는 오브젝티브-C 코드에서 너무 흔하게 쓰인 패턴이었기 때문에 스위프트 개발자들은 저장 속성에 적용하는 lazy 키워드를 선보였습니다.

오브젝티브-C에서 가장 많이 쓰이는 패턴 중에는 접근할 때마다 속성 값을 검사하는 패턴도 있습니다. 속성은 nil이 아니면 보통 그 즉시 반환되지만, nil이면 계산되거나 설정되어 다음을 위해 저장되었다가 반환됩니다. 예를 들어보겠습니다.

오브젝티브-C

```
- (UIView *)volumeView {
    if (_volumeView == nil) {
        _volumeView = [[UIView alloc] init];
    }
    return _volumeView;
}
```

이 패턴은 유용하기도 하고 수년 동안 잘 이용됐지만 초기화 지연 작업이 필요할 때마다 별도로 써 넣어야 하는 불필요한 코드가 많았습니다. 스위프트에서 이 패턴을 그대로 사용하기 위해서는 옵션을 처리하는 호출 코드에 추가 오버헤드를 넣어 속성을 옵셔널 타입으로 만들어야 합니다. 지연 저장 속성에서는 이런 관용적 코드가 대부분 사라졌습니다.

스위프트

```
lazy var volumeView = UIView()
```

lazy 키워드를 이용하여 정의된 속성은 직접 접근하기 전까지 뷰 초기화 코드를 실행하지 않습니다. 누군가, 혹은 어디선가 접근한다면, 그때서야 뷰 초기화 코드를 실행합니다.

속성 감시자

속성 감시자(observer)는 어떤 저장 속성에든 선택적으로 설정할 수 있는 메소드 한 쌍(무조건 willSet과 didSet으로 명명)입니다. 이 속성 감시자는 대상 속성이 업데이트되기 전과 업데이트되고 난 후에 실행됩니다. 실행되면 새로운 값에 반응하고 그 값을 수정할 수 있게 됩니다.

속성 감시자는 오브젝티브-C의 키 벨류 옵저빙(key-value observing: KVO) 기능 일부를 복제하는 데 사용됩니다. 속성이 변할 때에 클래스 감시로 콜백(callback)하도록 설정할 수도 있습니다. 속성 감시자들을 설정하기 위해서는 기본적인 속성을 정의하고 그 뒤에 willSet이나 didSet, 또는 이 둘을 모두 메소드 정의에 포함하는 블록을 추가하면 됩니다.

스위프트

```
var internalLevel: Int = 0 {
    willSet(newInternalLevel) {
        if newInternalLevel > maxLevel {
            print("Level \(newInternalLevel) will exceed max. Preventing this.")
        }
    }
    didSet(oldInternalLevel) {
        if oldInternalLevel == maxLevel {
            internalLevel = maxLevel
        }
    }
}
```

willSet 메소드에서 전달된 파라미터(속성와 같은 타입이 들어 있음)는 업데이트해야 하는 속성의 새로운 값을 포함합니다. 그래서 업데이트를 예상하고 동작을 수행할 수는 있지만(예를 들어 이전 값을 저장하거나 동작을 기록하는 식으로), 동작을 바꿀 수는 없습니다. 전달되는 파라미터의 이름과 소괄호는 없앨 수 있으나, 그 경우 newValue라는 디폴트 파라미터 이름이 메소드 바디 안에 생깁니다.

스위프트

```
willSet {
    if newValue > maxLevel {
        print("Level \(newValue) will exceed max. Preventing this.")
    }
}
```

이와 비슷하게 didSet 메소드에도 방금 업데이트된 속성의 이전 값을 포함하는 전달된 파라미터(마찬가지로 속성과 같은 유형이 들어 있음)가 있습니다. didSet 메소드는 변화에 맞추어 동작을 실행할 수 있을 뿐만 아니라 속성 값 자체를 업데이트할 수도 있습니다.

이 점을 유효성 검사에 쓸 수도 있습니다. 새로운 값이 유효 범위 안에 있지 않으면 이전 값이나 안전한 디폴트 상태로 재설정할 수 있습니다. willSet 메소드와 마찬가지로 전달된 파라미터를 선언에서 삭제할 수 있고, 그 경우 oldValue라는 디폴트 파라미터 이름이 메소드 바디 안에 생깁니다.

스위프트

```
didSet {
    if oldValue == maxLevel {
        internalLevel = maxLevel
    }
}
```

읽기전용 속성

오브젝티브-C에서는 @property 정의에 readonly 수식자(modifier)를 붙여 속성(property)을 읽기전용으로 표시할 수 있었습니다. 오브젝티브-C 속성을 읽기전용으로 표시한다고 해서 ivar에 어떤 동작이 실행되지는 않습니다. 인스턴스 밖에서 ivar를 변경하게 해주는 설정자 메소드가 생성되지 않을 뿐입니다.

안타깝게도 스위프트에는 readonly와 같은 수식자가 없습니다. 상수를 사용해 속성을 생성해도 읽기전용 속성을 만들기에는 부족합니다. 상수는 단 한 번만 설정할 수 있기 때문입니다. 이렇게 하면 분명 속성이 호출 코드에 대해 읽기전용이 되긴 하지만, 클래스 인스턴스 안에서까지 읽기전용이 됩니다.

스위프트에서 읽기전용을 만들려면 획득자만 있는 Public 계산 속성와 Priavate 내부 속성, 두 가지를 써야 합니다. 속성을 Private으로 만들려면 private 키워드로 표시를 합니다(나중에 '접근 제어'절에 나옵니다). 적용된 코드는 다음과 같습니다.

스위프트

```
class VolumeControl {
    private var internalLevel: Int = 0 { ... }
    var level: Int {
        return internalLevel
    }
}
```

이 방법은 까다로운 해결책처럼 보일 수도 있지만 오브젝티브-C에서 실제로 쓰이는 방법과 별로 다르지 않습니다.

self 키워드에 대한 고찰

지금까지 한 클래스의 같은 인스턴스 안에 있는 한 메소드를 다른 메소드로 호출하는 경우, 즉 인스턴스 메소드 안에서부터 속성(property)에 접근하는 경우를 알아보았습니다. 오브젝티브-C 개발자처럼 생각하는 사람은 self를 사용하면서도 스위프트에 더 어울리는 self.method()나 self.property를 쓸 것입니다.

스위프트에서 이 방식은 유효하기는 하나 꼭 필요하지는 않습니다. 내부 접근을 해야 할 때는 self를 쓰지 않을 수도 있지만 메소드나 이니셜라이저에 속성과 이름이 같은 파라미터가 들어 있으면 모호성을 지우기 위해 self를 사용하는 게 좋습니다.

이니셜라이저

오브젝티브-C에서는 alloc 클래스 메소드를 호출해 인스턴스를 생성하고 이니셜라이저 메소드 하나를 호출해 새로운 인스턴스를 설정합니다. 하지만 스위프트에서는 이니셜라이저 메소드가 명칭은 남아있으나, 구실은 C++이나 자바의 생성자에 더 가깝습니다.

새로 클래스를 정의하면 init이라고 이름 붙은 디폴트 이니셜라이저가 자동으로 생성됩니다. 어떠한 파라미터도 취하지 않는 이 이니셜라이저는 해당 클래스의 기본 인스턴스를 생성하는 데 사용됩니다.

스위프트

```
let volumeControl = VolumeControl.init()
```

스위프트 개발자들은 개발자들이 오브젝티브-C를 사용하는 동안 alloc이나 init 조합을 얼마나 자주 사용해야 했는지 명확하게 알았나 봅니다. 그래서 스위프트는 실제로 init을 입력하지 않아도 됩니다. 그 결과 아래처럼 축약된 형태도 쓰이게 되었습니다 (도리어 선호도가 높은 편입니다).

스위프트

```
let volumeControl = VolumeControl()
```

참고 이 디폴트 이니셜라이저는 모든 저장 속성이 초깃값을 할당 받는다는 조건을 충족해야만 자동 생성됩니다. 초깃값을 지정하지 않는 경우나 추가적인 초기화 행위를 구현하기 위해 추가로 사용자 지정을 해야 하는 경우라면 별도의 이니셜라이저를 하나 이상 만드는 것이 좋습니다.

이니셜라이저 생성

오브젝티브-C에서도 커스텀 이니셜라이저 생성은 반드시 해야 하듯이, 스위프트는 혹시 다를까 하는 생각은 할 필요가 없겠죠. 스위프트의 이니셜라이저는 func 키워드가 앞에 붙지 않는다는 점에서 보통 메소드와 다르고, 항상 init이라는 이름이 붙습니다.

스위프트

```
init() { }
```

오브젝티브-C의 이니셜라이저 메소드와 다르게 스위프트의 init은 아무것도 반환하지 않습니다. 하는 일이라곤 커스텀 이니셜라이저에 전달된 값으로 저장 속성을 초기화하여 인스턴스를 사용할 수 있게 준비해 주는 것 밖에 없습니다.

스위프트의 이니셜라이저는 모두 init이라는 이름이 붙어야 하므로 그 사이에서 구분을 지으려면 파라미터 유형과 파라미터 이름을 이용해야 합니다. 대표적으로 UIView 클래스를 보면, 이니셜라이저가 셋입니다.

- `init()`
- `init(coder: NSCoder)`
- `init(frame: CGRect)`

이니셜라이저를 생성할 때는 이니셜라이저가 반환하기 전이나(암시적이든 그 반대든) self를 호출하기 전에 모든 저장 속성에 초깃값이 할당되었는지 확인해야 합니다. 여기서 예외는 '편의' 이니셜라이저나 '지정' 이니셜라이저를 처리할 때입니다.

편의 이니셜라이저와 지정 이니셜라이저 사용

오브젝티브-C에도 지정 이니셜라이저와 편의 이니셜라이저의 개념이 있지만 형식을 덜 갖춘 상태입니다. 이니셜라이저가 상위클래스의 지정 이니셜라이저를 호출하는 기능을 한다면 그 이니셜라이저는 지정 이니셜라이저로 간주됩니다. 편의 이니셜라이저(혹은 제2의 이니셜라이저)는 최초 설정이 지정 이니셜라이저과 같지만 이후에 그 설정을 사용자가 지정할 수 있습니다.

스위프트는 convenience라는 새 키워드를 선보였습니다. 이 키워드는 init 메소드에 적용해 그 메소드가 편의 메소드라는 것과, 최초 설정의 책임이 반드시 지정 이니셜라이저(convenience 키워드가 없는 이니셜라이저)에 위임되어야 한다는 점을 나타내기 위한 목적으로 사용됩니다.

convenience 키워드로 표시해야 하는 편의 이니셜라이저는 무조건 같은 클래스 안에 있는 지정 이니셜라이저를 호출해야 하고, 그 호출은 반드시 저장 속성에 값을 설정하기 전에 호출해야 합니다. 이로써 다른 사용자 지정 작업 전에 인스턴스가 완전히 설정되었음을 보장할 수 있습니다.

VolumeControl 클래스로 예를 들어보죠. 이 클래스는 현재 이니셜라이저가 하나지만 값을 설정할 필요가 없습니다. 이 컨트롤에는 maxLevel과 internalLevel 두 가지 저장 속성이 있고, 시작할 때 값을 설정할 수 있다면 유용할 것입니다. 그렇게 하려면 아래 값들을 설정할 수 있는 기능의 지정 이니셜라이저를 생성해야 합니다.

스위프트

```
class VolumeControl {
    init(maxLevel: Int, initialLevel: Int) {
        self.maxLevel = maxLevel
```

```swift
        self.internalLevel = initialLevel
    }
    var maxLevel: Int = 10
    private var internalLevel: Int = 0
    var level: Int {
        return internalLevel
    }
}
```

이제는 다음과 같은 사용자 지정 설정을 사용해 최대 볼륨 레벨을 제한한(아마도 청각이 예민한 사람들을 위해서) 클래스를 인스턴스화할 수 있습니다.

스위프트

```swift
let restrictedVolumeControl = VolumeControl(maxLevel: 7, initialLevel: 3)
```

단순 VolumeControl()의 형태로 인스턴스를 생성하던 이전의 방법은 더는 유효하지 않습니다. 지정 이니셜라이저를 정의해 사용하거나 그 지정 이니셜라이저를 편의 이니셜라이저 형태로 대체하여 사용해야 합니다. 이전 인스턴스들을 다시 활용하려면 인수를 취하지 않는 편의 이니셜라이저를 생성해야 합니다.

스위프트

```swift
convenience init() {
    self.init(maxLevel: 10, initialLevel: 7)
}
```

값을 다르게 조합하여 편의 이니셜라이저를 추가로 생성할 수도 있습니다.

스위프트

```swift
convenience init(goesToEleven: Bool) {
```

클래스

```
    if goesToEleven {
        self.init(maxLevel: 11, initialLevel: 11)
    } else {
        self.init()
    }
}
```

이렇게 하면 '바람직한' 볼륨 컨트롤을 생성할 수 있습니다.

스위프트

```
let tufnelVolumeControl = VolumeControl(goesToEleven: true)
```

디이니셜라이징

오브젝티브-C처럼 스위프트의 객체 라이프사이클(lifecycles)은 자동 참조 계수(automatic reference counting : ARC)로 관리되어 객체의 마지막 참조가 제거되었을 때 메모리로부터 해제됩니다. 스위프트에는 객체가 완전히 소멸되기 직전에 내부적인 정리 작업을 수행할 수 있는 포인트가 있습니다. 정리할 리소스가 있으면 deinit이라는 이름의 메소드에 알맞은 코드를 입력하면 됩니다. 오브젝티브-C의 dealloc과 마찬가지로 deinit 메소드는 직접 호출하면 절대 안 됩니다. 이 메소드를 직접 호출해 버리면 메모리 관리 문제가 생길 가능성이 있습니다. 스위프트의 메모리 관리가 자동 참조 계수(ARC)에 바탕을 두고 있기 때문에 오브젝티브-C에서 이해한 내용이 스위프트에서도 여전히 유효합니다. 자세한 내용은 부록을 참고하세요.

상속

스위프트에서는 구조체와 열거형도 객체 타입이기는 하지만 유일하게 클래스만 다른 클래스에서 데이터와 기능을 상속할 수 있습니다. 구조체로 시작했다가 어떤 타입의 부모 객체가 필요해졌다면 클래스 객체 타입으로 전환해야 할지도 모릅니다.

오브젝티브-C와 스위프트의 상속(inheritance)에는 한 가지 중요한 차이점이 있습니다. 스위프트에서는 객체가 기본 클래스를 상속 받을 필요가 없는 반면, 오브젝티브-C에서는 반드시 모든 객체가 NSObject와 같은 기본 클래스(혹은 기본 클래스에서 상속 받은 다른 클래스)를 상속 받아야 한다는 겁니다.

> **참고** 오브젝티브-C 코드(자세한 내용은 14장)와 스위프트 코드를 섞어서 사용하는 중이라면 스위프트 클래스 역시 기본 클래스를 상속 받게 해야 합니다. 대부분의 경우 NSObject를 사용합니다.

클래스 계층을 스위프트 코드에 도입하고 싶으면 선언하는 시점에 클래스 이름 뒤에 콜론을 입력해 클래스를 다른 클래스에서 상속 받게 하고, 상속 받는 상위 클래스의 이름을 명기합니다.

VolumeControl 클래스 역시 더 기본적인 컨트롤로부터 생성과 상속 작업을 하기 위해서는 상위 클래스를 지정하고, 그 다음에 상속을 구현해야 합니다.

스위프트

```
class BasicControl {

}

class VolumeControl: BasicControl {
    // Rest of existing VolumeControl class
}
```

메소드 재정의

예로 든 코드를 따라 하다 보면 BasicControl과 VolumeControl 안의 init 메소드들 사이에서 충돌이 생겨 이전 코드들이 쓰인 플레이그라운드에 에러가 표시됩니다. 오브젝티브-C와 달리 상위클래스의 메소드를 재정의하려면 사용자가 재정의 의사를 밝혀야 합니다.

이렇게 하는 이유는 코드 안정성 때문입니다. 개발자가 재정의 의사를 명확하게 밝히게 하면 상위클래스의 메소드를 무심코 '덮어쓸' 확률이 낮아지니까요. 메소드를 재정의하려면 메소드 선언 앞에 override 키워드를 사용하면 됩니다. VolumeControl 클래스에서는 override 키워드를 다음과 같이 추가합니다.

스위프트

```
class VolumeControl : BasicControl {
    convenience override init() {
        self.init(maxLevel: 10, initialLevel: 7)
    }
    // Rest of existing VolumeControl class
}
```

상위 클래스에 이미 존재하는 요소를 하위 클래스에서 재선언하려면 override 키워드를 써야 합니다.

상위클래스 호출

이제 상위클래스가 생겼으니 상위클래스의 지정 이니셜라이저를 호출하도록 지정 이니셜라이저를 업데이트할 차례입니다. 상위클래스에서 상속받는 클래스의 모든 인스턴스에는 상위클래스의 참조 구실을 하는 super라는 암시적 속성이 있습니다. 지정 이니셜라이저를 업데이트하는 방법은 다음과 같습니다.

스위프트

```
init(maxLevel: Int, initialLevel: Int) {
    self.maxLevel = maxLevel
    self.internalLevel = initialLevel
    super.init()
}
```

스위프트와 오브젝티브-C에는 중요한 차이가 또 있습니다. 오브젝티브-C는 객체 사용 전에 객체가 완전히 생성됨을 보장할 수 있게 반드시 상위클래스를 먼저 호출해야 합니다. 스위프트는 이와 반대입니다. 항상 상위클래스를 호출하기 전에 하위클래스에서 모든 초기화 작업이 완료되도록 보장해야 합니다. 이는 초기화 때에만 적용되는 것으로, 일반 메소드 안에서는 언제라도 상위클래스를 호출해도 좋습니다.

접근 제어

오브젝티브-C에는 여타 수많은 OOP 언어와 다르게 개인 데이터와 메소드로 접근해오는 것을 통제하기에 알맞은 시스템이 없습니다. 프라이버시가 보장된다고 착각할 수 있지만 실제로는 교묘하게 뚫릴 수 있습니다. 그래서 private API를 쓴 앱이 퇴짜 맞기도 하는 것입니다.

현대화를 목적으로 스위프트 개발자들은 스위프트에서 제대로 된 접근 통제 시스템을 선보였습니다. 스위프트는 private, fileprivate, internal, public, open 이상 다섯 가지 접근 단계를 갖추었습니다. 이 다섯 가지 다 스위프트 안 모든 요소에 적용이 가능합니다.

Private

private 키워드로 표시된 이 요소는 현재 요소가 들어있는 '클래스' 밖에서 접근이 불가능합니다. 클래스나 구조체의 속성(property)이나 메소드에 적용하면 그 private 요소는 클래스 밖에서 코드로 접근할 수가 없습니다. 이는 오브젝티브-C에서 클래스 확장 카테고리를 사용해 얻는 결과와 비슷합니다. 구현 파일 안에서 클래스 확장 시에만 선언된 속성을 생성하면 그 속성은 다른 코드로부터 효과적으로 숨어 헤더 파일만 보입니다.

오브젝티브-C

```
@interface VolumeControl // File: VolumeControl.h
@end

#import "VolumeControl.h" // File: VolumeControl.m

@interface VolumeControl ()
@property (readwrite, assign) NSInteger level;
@end
```

앞에서 '읽기전용 속성'을 공부할 때 설정한 level의 읽기전용 public 속성을 복제하려면 헤더 파일에 readonly 속성을 추가해야 합니다.

오브젝티브-C

```
@interface VolumeControl // File: VolumeControl.h
@property (readonly, assign) NSInteger level;
@end

#import "VolumeControl.h" // File: VolumeControl.m

@interface VolumeControl ()
@property (readwrite, assign) NSInteger level;
@end
```

스위프트에서는 이 작업을 훨씬 더 간결하고 일관성 있게 할 수 있습니다.

스위프트

```
private var internalLevel: Int = 0
```

더 중요한 점은 이것이 진정한 의미에서 읽기전용이라는 것입니다. 반대로 오브젝티브-C에서 키 밸류 코딩을 사용하기만 하면 공개된 읽기전용 속성을 업데이트할 수 있습니다.

오브젝티브-C

```
VolumeControl *volumeControl = [[VolumeControl alloc] init];
[volumeControl setValue:@(3) forKey:@"level"];
```

fileprivate

fileprivate는 스위프트 3에서 새로 도입된 접근 단계입니다. 기존의 private에서 세분화된 것으로, 접근 가능한 범위를 파일 내부로 제한합니다. 전역 변수나 객체 유형 정의 같은 요소에 fileprivate 키워드를 적용하면 요소가 담긴 파일 외부에서는 엔터티를 볼 수가 없습니다. 특정 파일(예를 들어 문자열이나 열거형)하고만 관련 있는 요소가 있다면 fileprivate으로 만들어 나머지 프로젝트에 노출되지 않게 하는 것이 좋습니다.

Internal

상수나, 변수, 함수, 메소드의 기본 접근 레벨은 internal입니다. internal 키워드를 사용해 값이 internal이라고 밝힐 수도 있지만 접근 키워드를 아무 것도 쓰지 않은 것은 internal 접근레벨이라는 것을 암시합니다.

요소가 내부에서 보이도록 정의하는 일은 그 요소가 같은 모듈(module) 안의 코드에 접근 가능하게 해달라고 하는 것입니다. 스위프트에서 모듈은 앱 타깃, 프레임워크, 테스트 타깃 같이 코드가 내재한 Xcode의 타깃과 같습니다.

internal은 앱 타깃 쪽에서는 사용할 일이 별로 없지만 프레임워크를 개발할 때에는 굉장히 유용합니다. 프레임워크의 이용자에게 정확히 무엇을 노출할지를 개발자가 선택할 수 있기 때문입니다. 클래스를 internal로 표시하면 프레임워크 타깃 내부에서는 사용이 가능하지만 타깃 외부에서는 사용이 제한됩니다.

Public

요소를 public 키워드로 표시하면 그 요소는 사용자가 상상하는 모든 곳에서 사용할 수 있습니다. 그러나 상속이나 오버라이드가 허용되지 않기 때문에 오직 가져다 쓸 수만 있습니다.

Open

기본적으로 public과 동일한 범위에서 사용이 허용됩니다. 그러나 상속이나 오버라이드가 허용되지 않는 public과 달리 이 속성은 상속이나 오버라이드까지 모두 허용됩니다. 그러니 open 키워드는 온 세상에 노출돼도 안전하리라고 자신하는 코드나 데이터에만 사용해야 합니다.

서브스크립트 지정

서브스크립트 연산자는 클래스, 구조체, 열거형 등의 타입에 딕셔너리나 배열이 자신의 콘텐츠에 임의 접근할 수 있는 것과 비슷한 방법을 제공합니다. 오브젝티브-C에서는 서브스크립트 표기법을 한두 메소드의 쌍을 통해 클래스에 적용하는 방법이 있었죠.

배열 스타일 서브스크립트를 지정하려면 제공된 인덱스의 값을 다루기 위한 -objectAtIndexedSubscript: 메소드와 제공된 인덱스에 값을 할당할 -setObject:atIndexedSubscript: 메소드를 클래스에서 구현해야 합니다. 딕셔너리 스타일 서브스크립트를 지정하려면 제공된 키의 값을 리트리브하기 위한 -objectForKeyedSubscript: 메소드와 제공된 키에 값을 할당할 -setObject:forKeyedSubscript: 메소드를 클래스에서 구현해야 하죠.

스위프트에서 이처럼 동작하게 하려면 서브스크립트 함수를 구현해야 합니다. 그 방법은 객체 타입 정의 안에서 subscript를 사용해 서브스크립트 연산자로 수신한 타입을 인덱스로 나타내고, 반환할 타입을 표시한 다음 get과 set이라는 이름을 붙인 메소드 한 쌍을 구현하는 겁니다. get 메소드는 인덱스 타입을 바탕으로 반환할 값을 정합니다.

set 메소드는 특정 타입의 새로운 값을 받고 그 타입에 기초해 얻은 값을 저장하거나 처리합니다.

스위프트

```
subscript(IndexTypes) -> ValueType {
    get { ... }
    set(newValue) { ... }
}
```

스위프트의 서브스크립트 연산자는 오브젝티브-C보다 기능적으로 훨씬 뛰어납니다. 스위프트에서는 Int의 인덱스 타입을 정의하면 표준 배열의 동작을 재생하지만, 다른 인덱스 타입은 딕셔너리와 더 비슷하게 동작합니다. 필요할 경우 인덱스로 쓸 다양한 유형들을 공급할 수도 있습니다. get 메소드는 서브스크립트가 동작하는 데 필수이지만 set 메소드는 읽기전용 서브스크립트를 만들고자 할 때는 삭제해도 됩니다. 이번 예시에서는 이름을 지정해 놓은 볼륨 레벨에 실제 레벨을 반환해보겠습니다.

스위프트

```
subscript(levelName: String) -> Int? {
    get {
        switch levelName {
            case "Off":
                return 0
            case "Min":
                return 1
            case "Mid":
                return (maxLevel / 2)
            case "Max":
```

```
                return maxLevel
            default:
                return nil
            }
        }
    }
}
```

서브스크립트는 하나의 타입에 여러 개를 지정할 수 있습니다. 다양한 타입 특성에 따라 수많은 서브스크립트 정의를 할 수 있죠. 그렇다고 너무 열광하지는 마세요. 서브스크립트는 아주 편리한 기능이지만, 편리하다고 남용해서는 안 됩니다. 서브스크립트를 명확하지 않은 상황에서 적당히 썼다가는 코드를 알아보기도 어렵고 유지보수도 골치 아파질 수 있습니다.

마무리

스위프트에서 클래스는 기능 면에서 훨씬 강력해졌지만, 구문은 더 짧고 단순해져서 사용하기 쉽고 안정적입니다. lazy, subscript, convenience 같은 키워드가 추가되면서 오브젝티브-C의 기존 패턴이 스위프트 클래스 고유의 특징으로 자리 잡았습니다. 클래스가 이렇게까지 관심을 많이 받은 것은 다행스러운 일입니다. 이제 엄청난 경쟁자가 등장하기 때문입니다.

다음 장에서는 구조체와 열거형과 관련해 스위프트의 어떤 점이 향상되었는지 알아보면서 그 두 가지가 어떻게 클래스를 대체해서 사용할 수 있게 되었는지 살펴 보겠습니다.

10장
구조체와 열거형

이봐요, 클래스! 이제 객체 타입이 댁들의 독무대가 아닙니다. 스위프트에선 구조체와 열거형도 함수를 데이터와 연결하는 능력을 갖추게 되었거든요. 구조체와 열거형은 단순한 데이터 타입에서 복합적 객체 타입으로 새롭게 변신했고, 그래서 한편으로는 명확하게 구분되던 둘 사이의 특징이 꽤 모호해진 면도 있습니다. 이 장에서는 앞 장에서 다룬 클래스의 못다 한 이야기와 클래스와 구조체, 열거형이라는 세 객체 타입이 어떻게 다른지 알아 보겠습니다. 적재적소에 필요한 객체 타입을 잘 사용할 수 있도록 작은 차이점부터 설명해갈까 합니다.

구조체

스위프트에서 세 객체 유형을 일렬로 세워 보면 구조체는 분명 능력 면에서 중간에 위치합니다. 클래스의 복잡한 기능을 다방면으로 수행할 수 있지만 '상위 구조체'에서 상속받는 기능이 지원되지 않기 때문에, OOP 관점에서는 유용성이 조금 떨어집니다.

그럼에도 불구하고 구조체는 여전히 아주 쓸모 있는 데이터 타입입니다. 관련 메소드와 소량의 데이터를 함께 보관할 때 특히 쓸모가 많은 도구입니다.

구조체 정의

구조체를 정의하려면 struct 키워드와 이름을 입력한 다음 중괄호 블록을 만듭니다. 구조체 안에 데이터를 저장하려면 클래스에서와 마찬가지 방법으로 속성을 정의하면 됩니다. 이번 예시에서는 구조체를 이용해 스파이널 탭이라는 밴드의 앨범 커버의 적절한 속성들을 만들어 보겠습니다.

스위프트

```
struct AlbumCover {
    var blackLevel: Float = 0.0
    var sexistPicture: Bool = false
}
```

구조체 타입의 인스턴스는 구조체의 디폴트 이니셜라이저로 호출해서 생성합니다.

스위프트
```
var albumCover = AlbumCover()
```

모든 구조체는 멤버 단위 이니셜라이저(memberwise initializer)가 자동으로 생성되어 있습니다. 위에서 예로 나온 구조체는 명시적으로 이니셜라이저를 정의하지 않았지만 blackLevel과 sexistPicture 값을 직접 지정할 수 있는 다음 이니셜라이저가 제공됩니다.

스위프트
```
let almostBlackCover = AlbumCover(blackLevel: 0.9, sexistPicture: false)
```

참고 이런 이니셜라이저들은 상수를 정의할 때 특히 편리합니다. 한 번의 연산으로 구조체 전체를 초기화할 수 있기 때문입니다. 이와 달리 빈 이니셜라이저를 사용하면 값이 적용될 수 있도록 변수를 직접 초기화해주어야 할 일이 종종 생깁니다. 빈 이니셜라이저로 생성하는 것은 차후에 변수를 수정할 가능성을 열어놓는 것과 같습니다.

구조체의 속성은 클래스처럼 반드시 초깃값을 할당하거나 이니셜라이저로 초기화해야 합니다.

구조체 속성에는 타입 메소드와 타입 속성도 있습니다. 하지만 클래스와 달리 이 타입 메소드와 타입 속성에는 class 키워드를 사용할 수 없습니다. 타입 메소드를 정의할 때는 func 키워드를 쓰기 전에 static 키워드를 사용해야 합니다. 타입 속성을 정의할 때 역시 var나 let 키워드 앞에 static 키워드를 사용합니다.

스위프트
```
struct AlbumCover {
    static func couldBeBlacker(blackLevel: Float) -> Bool {
        return blackLevel != blackestLevel
```

```
    }
    static let blackestLevel: Float = 1.0
}
```

> **참고**
> 구조체에는 저장 속성이 타입 속성으로 선언될 수 있습니다.

구조체와 C 언어 구조체

여러분은 C 언어 구조체로 작업한 적이 별로 없다고 생각할 수 있지만, iOS나 macOS 개발자라면 CGRect를 다루느라 많은 시간을 보냈을 것입니다. 사실 CGRect는 의심의 여지 없는 구조체 타입입니다. C 언어의 구조체는 데이터를 순수하게 표현한 형태로, 스위프트 구조체와 달리 데이터에 작용하는 관련 메소드가 없습니다.

이 같은 사실은 CoreGraphics 프레임워크에서 나온 CGRect 따위의 구조체를 처리할 때 아주 분명하게 보입니다. 오브젝티브-C의 CGRect에는 구조체 이니셜라이저 같은 것이 없습니다. 구조체를 생성하려면 낡은 방식이긴 하지만, 데이터 멤버를 직접 대입해야 합니다.

오브젝티브-C

```
CGRect rect = { { 50, 50 } , { 100, 100 } };

// or if you like C99 style:
rect = (CGRect){ .origin = { .x = 50, .y = 50 }, .size = { .width = 100, .height = 100 } };
```

이런 메소드는 아무리 C99를 좋아하는 개발자라고 해도(아시죠, 이런 사람들) 정말 사용하기 불편하고, 특히 많은 수의 파라미터를 정렬해야 할 때 더 불편합니다. 예를 들어, CGRect에서 height 속성을 얻으려면 아래 두 가지 방식 중 하나를 사용해야 합니다.

오브젝티브-C

```
CGFloat height = rect.size.height;
// or
height = CGRectGetHeight(rect);
```

첫째 방법은 구조체의 구조를 알고 있어야 하고, 둘째 방법에는 구조체가 전달되어 값을 쿼리할 간접함수가 별도로 필요합니다. 둘 다 딱히 직관적이라고 보기 힘듭니다.

스위프트 구조체에는 데이터를 생성할 이니셜라이저와, 그 데이터에 직접 작용하는 메소드가 있습니다. CGRect는 스위프트에서 사용 시 다음과 같이 생성할 수 있습니다.

스위프트

```
let rect = CGRect(x:50, y:50, width:100, height:100)
```

rect의 높이는 속성으로 노출되면 아래와 같은 방식으로 구조체에서 바로 접근이 가능해집니다.

스위프트

```
let height = rect.height
```

구조체와 스위프트 클래스

구조체는 클래스와 마찬가지로 이니셜라이저, 메소드, 속성을 가질 수 있습니다. 그런데 바로 이런 사실이 궁금증을 유발합니다. 구조체가 하는 일이 이렇게 많은데 클래스는 왜 써야 하나? 하는 것이죠. 이것은 데이터 생성이 필요한 앱을 스위프트로 개발해야 할 때, 당연히 품어야 할 매우 합당한 의문입니다. 클래스와 구조체의 핵심적인 차이를 이해하면 프로그램을 위한 올바른 선택을 할 수 있습니다.

둘 사이의 주요 차이점 하나는 구조체가 상속을 지원하지 않는다는 사실입니다. 데이터 모델에서 데이터 엔터티를 확장하거나 그 데이터 요소가 다른 요소를 확장해야 한다면, 그 데이터는 클래스로 생성해야 합니다. 하지만 구조체와 클래스 모두 프로토콜 구현이 되고 확장도 된다는 것은 기억할 점입니다. 이 주제는 13장에서 더 파헤쳐 보겠습니다.

클래스와 달리 구조체는 참조를 이용해 전달할 수 없습니다. 구조체를 파라미터로 함수에 보내거나, 반환 값으로서 함수에서 전달 받으면 구조체가 복사됩니다. 함수에서 작업하는 동안 구조체에 변화를 줘도 원래의 구조체는 아무 영향도 받지 않습니다. 변경하려는 데이터 요소를 전달해야 한다면 클래스를 사용해야 합니다.

구조체가 복사될 때에는 내부에 정의된 모든 데이터도 복사가 됩니다. 데이터가 많이 든 구조체는 CPU 사이클을 낭비하고 메모리를 과도하게 소모하여 애플리케이션 성능에 영향을 줍니다. 데이터 요소에 데이터가 많이 저장되어 있다면 구조체 대신에 클래스를 쓰는 게 좋습니다. 구조체에는 구조체가 폐기될 때 그 구조체를 정리할 deinit 메소드가 없습니다. 데이터 요소가 유효 범위를 벗어나 리소스를 정리하는 기능이 필요한 경우에는 클래스를 사용하는 것이 좋습니다.

구조체 수정

구조체와 클래스가 처리 방법이 다르기 때문에 구조체 안의 데이터를 변경할 때는 클래스를 수정할 때와 살짝 다른 규칙을 따라야 합니다.

가장 직접적으로 구조체를 수정하는 방법은 노출된 변수 속성을 이용해 데이터를 바꾸는 것입니다. 가령 예로 든 구조체에서는 도트 구문을 이용해 blackLevel 속성의 값을 바꿀 수 있습니다.

스위프트

```
albumCover.blackLevel = 0.5
```

그림 10.1 오브젝티브-C에서는 뷰 프레임을 직접 수정할 수 없다

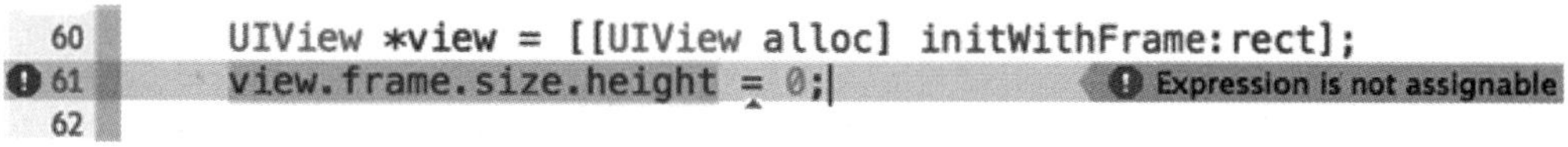

```
60      UIView *view = [[UIView alloc] initWithFrame:rect];
61      view.frame.size.height = 0;              ⓘ Expression is not assignable
62
```

이처럼 스위프트에서는 '속성의 속성'을 직접 수정할 수 있습니다. 오브젝티브-C에서 답답함을 느꼈던 한계점을 하나 해결한 셈이죠. 아시다시피 오브젝티브-C에서는 UIView의 프레임의 속성을 바꾸어야 할 때 새 프레임 구조체를 만들지 않으면 프레임 높이 값을 직접 수정할 수 없습니다(그림 10.1).

이때 해결책은 항상 프레임을 복사한 다음, 기존 프레임 속성을 바탕으로 새 프레임을 만들어 바꾸고자 하는 프레임을 대체하는 겁니다. 하지만 스위프트에서는 프레임의 속성을 개별로 직접 수정할 수 있습니다.

스위프트

```
var view = UIView(frame: rect)
view.frame.size.height = 0
```

구조체에서 내용물을 수정하는 메소드를 지정하고 싶으면 반드시 메소드를 mutating 키워드로 표시해야 합니다. 다음은 blackLevel 속성을 최대 수치로 설정하는 메소드입니다.

스위프트

```
struct AlbumCover {
    var blackLevel: Float = 0.0
```

구조체와 열거형

```
        var sexistPicture: Bool = false
        mutating func makeNoneBlacker() {
            blackLevel = 1.0
        }
    }
```

mutating 키워드를 지워보면 Xcode에서 blackLevel을 수정할 수 없다고 알리는 에러가 뜹니다. 클래스와 마찬가지로 구조체는 내부 데이터를 수정하는 설정자도 사용할 수 있는 계산 속성을 지원합니다. 희한하게도 계산 속성의 set 메소드는 mutating 키워드가 없이도 내부 데이터를 수정할 수 있습니다.

클래스와 달리 구조체의 상수 참조는 절대 불변입니다. 속성을 직접 수정할 때 계산 속성으로 하든, 변형 함수(mutating function)을 이용해 하든, 구조체 참조가 상수면 컴파일러 에러가 뜹니다. 여기까지는 클래스와 정반대이지만 참조만 불변이므로, 내부 데이터는 계속 수정할 수 있습니다. 구조체가 값으로 취급을 받는 까닭에 구조체의 동작은 구조체가 다양한 변수나 상수에 할당될 때도 영향을 받습니다.

클래스가 여러 개의 참조를 가질 수 있는 반면, 구조체는 단 하나의 참조만 가집니다. 그래서 구조체를 다른 참조에 할당하려고 하면 복사본이 대신 만들어집니다. 다음 예를 보면 알 수 있습니다.

스위프트

```
var smellTheGlove = AlbumCover()
var theWhiteAlbum = smellTheGlove
smellTheGlove.blackLevel = 1.0
smellTheGlove.blackLevel            // returns 1.0
theWhiteAlbum.blackLevel            // returns 0.0
```

열거형

단순하기는 했어도 C 언어의 세계에서 열거형은 OS X와 iOS 개발에 오래도록 필수 요소로 자리매김 했습니다. 열거형은 애플 프레임워크에 보급되어 에러 코드, 옵션, 동작을 정의하는 데 쓰이고 있습니다.

기존 enum 타입은 간단한 정수로 더 중요한 의미를 나타낼 수 있다는 장점이 있습니다. -[UITableViewCell cellAccessory]가 값이 0이면 액세서리가 없다는 뜻이고 1이면 디스클로저 인디케이터(disclosure indicator)를 뜻한다는 것을 알 수야 있겠지만 그래도 UITableViewCellAccessoryNone과 UITableViewCellAccessoryDisclosureIndicator를 사용하는 편이 훨씬 직관적입니다. 단점은 기존 enum이 정수만을 사용해 데이터를 표시한다는 것과, 열거형의 한 '타입'과 다른 타입을 비교하는 것이 가능하기 때문에 코딩 에러를 유발한다는 점이죠.

스위프트는 열거형이 제 기능을 다 할 수 있게끔 환경을 조성해주었을 뿐 아니라 별도로 다른 기능까지 수행할 수 있게 해주었습니다. 스위프트에서 열거형은 기본 원시 데이터로 정수만 사용하지 않습니다. 연산 속성(computed property)을 생성할 수도 있고, 메소드로 데이터를 연산할 수도 있습니다.

열거형 생성

오브젝티브-C에서 typedef을 사용할 때와 비교하면 스위프트에서는 열거형 생성은 아주 쉽습니다. 일단 enum 키워드로 정의하고 뒤에 열거형 이름과 case문을 정의할 블록을 만들어줍니다. 여기에 9장에서 배운 VolumeControl 클래스와 함께 쓸

VolumeLevel 열거형을 정의해줍니다.

스위프트

```
enum VolumeLevel {
    case off
    case min
    case mid
    case max
}
```

case문은 열거형에 표시되는 데이터를 하나하나 정의합니다. 각각 한 열씩 나타내도 좋고 한 열에 쉼표로 구분을 두어 나타내도 좋습니다.

스위프트

```
enum VolumeLevel {
    case off, min, mid, max
}
```

열거형 사용

열거형은 직접 사용해도 되지만, 변수나 상수에 할당해서 사용하기도 합니다.

스위프트

```
var volumeLevel = VolumeLevel.off
```

각각의 케이스는 조건문의 일부로 직접 쓸 수 있습니다.

스위프트

```
if volumeLevel == VolumeLevel.off {
    print("off")
}
```

여기서 할 수 없는 일은 VolumeLevel 값을 다른 타입과 비교하는 것입니다. VolumeLevel은 타입이기 때문에 다른 VolumeLevel하고만 비교할 수 있습니다. 오브젝티브-C에서 쉽게 할 수 있는 숫자 비교 작업을 시도만 해도 에러가 발생합니다 (그림 10.2).

그림 10.2 열거형은 같은 타입의 값하고만 비교할 수 있다

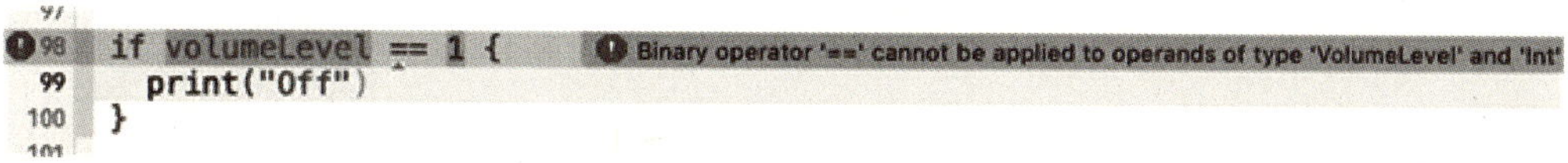

```
97
98  if volumeLevel == 1 {          ● Binary operator '==' cannot be applied to operands of type 'VolumeLevel' and 'Int'
99      print("Off")
100 }
101
```

단축된 이름 구문

오브젝티브-C에서 UITableViewCellAccessoryDisclosureIndicator와 같은 열거형을 입력하는 일이(또는 탭 키로 자동완성 리스트를 훑는 일마저도) 지겹다고 느껴본 사람에게는 타입이 추론 가능하다는 전제하에 케이스 이름만으로 스위프트 열거형에 접근할 수 있다는 사실이 매우 반가울 것입니다.

예를 들어, 변수 volumeLevel을 할당한 다음 아래처럼 사용할 수 있습니다.

스위프트

```
volumeLevel = .max

if volumeLevel == .max {
    print("max")
}
```

이 기능은 대단히 유용합니다. 함수와 메소드가 파라미터를 정의하고 값을 반환하는 데 열거형을 쓴다면 특히 그렇습니다. 이 기능 덕에 switch문 입력 수고를 많이 줄일 수 있게 되었습니다.

스위프트

```swift
switch volumeLevel {
case .off:
    print("off")
case .min:
    print("min")
case .mid:
    print("mid")
case .max:
    print("max")
}
```

원시 값으로 작업하기

C 언어의 '정수만 취하는' 열거형과 달리 스위프트의 열거형은 초기 설정된 기본 유형이 없습니다. 그래서 선언할 때 첫 줄에 타입을 명시해 수정합니다. 정수를 기본으로 한 표준 열거형을 사용해 0에서 시작하려면 다음처럼 :Int를 붙여주면 됩니다.

스위프트

```swift
enum VolumeLevel: Int {
    case off, min, mid, max
}
```

C 언어의 열거형처럼 각 케이스 값을 낱낱으로 명시하거나, 시작점의 값만 명시하거나, 조합된 값을 명시할 수 있습니다.

스위프트

```
enum VolumeLevel: Int {
    case off = 0, min, mid = 5, max = 10
}
```

어떤 타입이든 원시 값(Raw Value)과 쓸 수 있지만 정수 타입이 아니라면 각 케이스 하나하나의 값을 명시해주어야 합니다.

스위프트

```
enum VolumeLevel: String {
    case off = "off", min = "minimum", mid = "mid-level", max = "maximum"
}
```

이 원시 데이터를 얻으려면 각각의 케이스나 열거형 인스턴스에 rawValue 속성을 사용해야 합니다.

스위프트

```
VolumeLevel.mid.rawValue     // Returns "mid-level"
```

사람이 읽을 수 있는 문자열 같은 종류의 정보를 저장할 때 원시 값을 사용하면 앞의 예시처럼 switch문을 많이 쓸 필요가 없습니다. 스위치문으로 케이스마다 검사하는 대신에 print(volumeLevel.rawValue)를 호출하면 간단하게 끝나니까요.

원시 값을 사용해서 새로운 열거형 인스턴스를 만들 수도 있는데, 이는 원시 값을 이니셜라이저로 전달하는 방법입니다.

스위프트 ||||||||||||||||||||||||||||||||||||||||||||||||||||||||||||||||||||||||||||||||||||||||||||||||||||||||||||||||||

```
var maximumLevel = VolumeLevel(rawValue: "maximum")
```

이 이니셜라이저에는 잘못된 값을 전달하기 쉽습니다. 따라서 실제로 반환하는 값은 옵셔널 VolumeLevel입니다. 올바른 원시 값이 전달되면 값이 나오고, 그렇지 않으면 nil이 나오죠.

관련 값

원시 값 타입은 열거형에 첨부된 아주 유용한 요소이지만 이것이 다가 아닙니다. 스위프트에서는 임의의 데이터 타입을 각각의 열거형 case문과 연결할 수 있습니다. 원시 값이 반드시 같은 타입이어야 한다는 이유로 답답함을 느낀 사람이라면 이 기능이 잘 맞을 겁니다. 원시 값과 관련 값을 조합할 수 없다는 사실은 염두에 두세요.

case문에 관련 값을 사용하려면 먼저 case문이 수용할 수 있는 데이터 타입을 명시해야 합니다.

스위프트 ||||||||||||||||||||||||||||||||||||||||||||||||||||||||||||||||||||||||||||||||||||||||||||||||||||||||||||||||||

```
enum VolumeLevel {
    case off
    case min(Int)
    case mid(minLevel: Int, maxLevel: Int)
    case max(Int)
    case tufnel(String)
}
```

각각의 볼륨 레벨 case문을 구성하는 방법은 이제 다양합니다. off case문을 생성할 때는 파라미터가 필요하지 않고, min과 .max case문을 생성할 때는 Int 값이 필요하며, .mid case문을 생성할 때는 '명명된' 파라미터 두 개가 필요합니다. 마지막 case 문은 더 다양하기까지 하지만 단순하게 문자열을 취합니다. 하나하나 구성하려면 이렇게 합니다.

스위프트

```
var currentLevel: VolumeLevel
currentLevel = .off
currentLevel = .min(1)
currentLevel = .mid(minLevel: 1, maxLevel: 10)
currentLevel = .max(10)
currentLevel = .tufnel("It's one louder")
```

관련된 값들을 이용할 경우 switch문 안에서 그 값들을 변수나 상수에 할당해 추출할 수 있습니다.

스위프트

```
switch currentLevel {
    case .off:
        print("off is always 0")
    case .min(let minLevel):
        print("minimim level: \(minLevel)")
    case .mid(let minLevel, let maxLevel):
        let midLevel = (maxLevel - minLevel) / 2
        print("medium level: \(midLevel)")
    case .max(let level):
        print("maximum level: \(level)")
    case .tufnel(let nigelSpeaks):
        print("nigel says: \(nigelSpeaks)");
}
```

메소드와 계산 속성

스위프트에서는 열거형에도 구조체와 마찬가지로 메소드와 계산 속성이 있을 수 있습니다. 오브젝티브-C에서 흔히 보이듯 인간이 읽을 수 있는 문자열 형태로 열거형을 제공하거나 case문별로 값을 출력하는 패턴은 열거형 자체에서 처리할 수 있습니다.

예를 들어 case문에 해당하는 정수를 반환하는 읽기전용 numericalLevel 속성을 생성하려면 self 값을 스위치할 switch문을 포함한 접근 메소드를 만들어야 합니다. self를 스위치할 때 case 값 시작 부분에 멤버접근연산자(.)를 쓸 필요가 없다는 것을 명심해야 합니다.

스위프트

```
var numericalLevel: Int {
    get {
        switch self {
        case .off:
            return 0
        case .min(let level):
            return level
        case .max(let level):
            return level
        case .mid(let minLevel, let maxLevel):
            return (maxLevel - minLevel) / 2
        case .tufnel:
            return 11
        }
    }
}
```

여기까지는 구조체와 클래스에서 메소드와 속성을 정의하는 것과 상당히 비슷합니다. 하지만 한 가지 예외가 있습니다. 열거형에서는 저장 속성을 생성할 수 없다는 것입니다.

중첩 유형

스위프트에서 구조체와 열거형을 강화하려고 한 것들은 대부분 안전과 캡슐화를 위해서였습니다. 구조체와 열거형에 함수를 끌어들인 것은 메소드와 그들의 데이터가 긴밀한 관계라는 것을 뜻합니다. 어디서든 이렇게 해볼 수 있지만 스위프트에서는 중첩 유형이라는 기능으로도 해볼 수 있습니다.

9장에서 VolumeLevel 열거형의 소비자가 될 가능성이 큰 VolumeControl 클래스를 정의한 적이 있습니다.

스위프트

```
class VolumeControl {
    var volumeLevel: VolumeLevel = VolumeLevel.off
    // Remainder of class
}
```

다른 '컨트롤' 클래스에서는 볼륨 레벨과 같은 열거형이 필요 없을 것 같습니다. 그래서 VolumeLevel이라는 열거형은 VolumeControl 클래스 내부에 정의되는 편이 더 어울릴 것 같습니다.

스위프트

```
class VolumeControl {
    enum VolumeLevel {
  case off, min, mid, max, tufnel
        // Remainder of enumeration
    }
```

```
    var volumeLevel: VolumeLevel = VolumeLevel.off
    // Remainder of class
}
```

중첩된 구조체나 중첩된 열거형은 그들이 포함된 유형을 통해서도 접근할 수 있습니다. 예를 들어 다음과 같은 방법으로도 VolumeLevel을 사용할 수 있습니다.

스위프트

```
var secretVolumeLevel: VolumeControl.VolumeLevel = VolumeControl.VolumeLevel.off
```

내부 구현을 진짜로 숨기고 싶으면 스위프트의 접근 통제를 이용해 중첩 타입을 private 또는 fileprivate로 만들어 파일 외부에서 접근하는 것을 제한하면 됩니다.

마무리

스위프트의 구조체와 열거형에 생긴 변화는 코드를 창의적으로 쓰고자 고심하는 macOS와 iOS 개발자에게 선택 폭을 더욱 넓혀주었습니다. 구조체와 열거형에 함수를 더하는 기능이 생기면서 가독성은 더 좋아지고 논리적으로는 더 타당하게 코드베이스를 배열할 수 있게 되었고, 하나의 타입으로 작동됨으로써 안전해진 열거형은 정수 말고도 다른 요소까지 처리하게 되면서 사용이 더 쉬워지고 안전해졌습니다.

사실 구조체는 문자열보다 훨씬 더 강력해졌고, 원래 있는 콜렉션 타입(배열과 딕셔너리)까지도 클래스보다는 구조체를 통해 구현됩니다. 다음 장에서는 스위프트의 메모리 관리에 대해 알아보고 오브젝티브-C보다 개선된 안정성과 용이해진 사용법을 중심으로 살펴 보겠습니다.

11장
메모리 관리

아마도 지난 몇 년 간 오브젝티브-C 개발자들이 힘겨워한 것이 메모리 관리일 것입니다. 초기 메모리 관리에는 수동 참조 계수(manual reference counting)가 쓰였습니다. 객체 참조를 유지하고 작업이 끝났을 때 참조를 해제하라는 의도를 사용자가 밝혀야 했습니다.

한동안 애플이 OS X 개발 중에 형편없는 콜렉션에 손을 대긴 했지만 참조 계수는 iOS에서 유일한 메모리 관리 수단으로, OS X에서 인기도 좋았습니다. 그러다 오브젝티브-C에 자동 참조 계수(ARC)가 나타났습니다. 기본 프로세스는 같지만 언제 어디서 객체를 유지하고 해제할 것이냐를 정하는 힘든 작업을 사용자가 아닌 컴파일러가 주로 수행합니다.

스위프트 메모리 관리

다행히 스위프트도 ARC를 가지고 메모리를 관리합니다. 사실 오브젝티브-C에 도입된 ARC는 스위프트에 쓰려고 만들어진 ARC가 운 좋게 도입된 것이라는 견해가 있습니다. 스위프트의 메모리 관리와 관련해 우리가 아는 내용들은 대부분 오브젝티브-C와 같습니다. 차이점은 클로저를 둘러싼 구문을 다듬을 수 있고, 논-옵셔널 값을 unowned 참조 타입으로 처리한다는 점입니다. 이같은 차이점 때문에 스위프트 메모리 관리가 조금 더 안전하다고 볼 수 있습니다.

오브젝티브-C에서 객체 참조는 강한 참조와 약한 참조로 나뉩니다. 강한 객체 참조를 생성하면 리테인 카운트(retain count)가 올라갑니다. 여기서 리테인 카운트는 강한 참조의 전체 개수입니다. 약한 참조를 생성하면(weak 키워드를 앞에 붙여 변수를 선언함) 리테인 카운트가 오르지 않습니다. 강한 참조를 제거하면 리테인 카운트가 다시 떨어집니다. 리테인 카운트가 0이 되면 메모리에서 해제되는데, 그럴 경우 남은 약한 참조는 자동으로 nil로 설정됩니다.

강한 참조 타입(여전히 디폴트)은 스위프트에서도 같은 동작을 하지만 옵셔널 때문에 조금 더 복잡해졌습니다. 논-옵셔널 변수 유형을 이용해 약한 참조를 설정하려 하면 객체 할당이 취소되어 약한 참조가 nil로 설정될 수 없습니다. 즉 스위프트는 논-옵셔널 변수로 약한 참조를 할 수 없기 때문에 제한적입니다.
스위프트는 이 문제를 해결하려고 약한 참조에 unowned라는 변형을 새로 도입했습니다.

참조를 unowned로 지정하는 것은 객체가 할당 취소되어도 참조가 nil로 설정되는 것을 원하지 않는다고 컴파일러에 일러주는 것입니다. 이는 결국 논옵셔널 변수를 미소유 참조(unowned reference)로 사용할 수 있다는 이야기입니다.

이는 또 객체가 할당 취소되었을 때 벌어지는 일의 책임을 사용자가 온전히 지겠다는 뜻이기도 합니다. 객체가 계속해서 존재한다고 보장할 수 있는 길은 없습니다. 하지만 참조가 남아 있으면 원래 객체가 사라진 다음 사용될 경우 런타임 크래시가 생길 수 있습니다.

약한 참조와 미소유 참조를 사용하는 경우

그림 11.1 연관 Story 객체들의 약한 관계

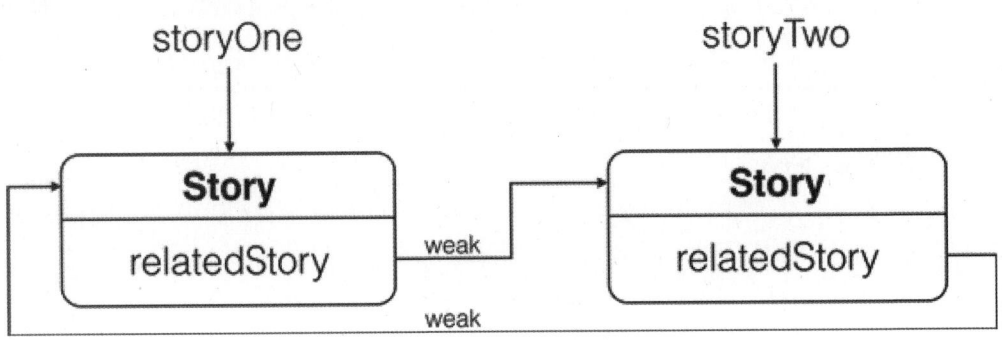

그림 11.2 Story 객체와 사용자의 미소유 관계

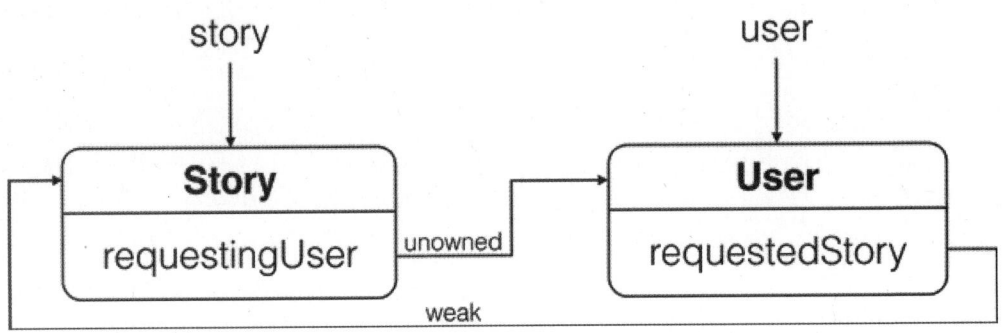

약한 참조를 쓰느냐 미소유 참조를 쓰느냐를 결정하는 것은 거래하는 것과 같습니다. 약한 참조를 쓴다는 이야기는 무조건 옵셔널 변수를 쓰겠다는 뜻입니다. 따라서 어디에 사용되든 변수가 nil이 되지 않게 보호해야 합니다. 미소유 참조를 쓰면 논옵셔널 변수를 쓸 수 있지만, 런타임 크래시를 감수하더라도 반드시 사용하겠다는 확신이 있을 때만 사용해야 합니다.

두 객체가 존재하기 위해서 참조가 꼭 필요하지 않은 경우에 강한 참조 순환(strong reference cycle)이 일어나지 않게 하는 데 가장 좋은 방법은 약한 참조를 사용하는 겁니다.

예를 들어, 옛날 이야기이긴 하지만 사용자 스토리를 떠올려보세요. 스토리에는 둘째 Story 객체와 연결하기 위한 relatedStory 영역이 생길 수 있습니다.

그런데 둘째 스토리가 첫째와도 연결되면 강한 참조 순환이 일어납니다. relatedStory는 사용자 스토리에서 꼭 필요한 것은 아니기 때문에 이런 연결들은 약한 참조로 정의하는 것이 최선입니다(그림 11.1).

미소유 참조는 객체가 존재하기 위해 참조가 필요할 때 이상적으로 쓰입니다. 예를 들어 Story 객체에는 항상 requestingUser가 있어야 합니다. 누군가 요청하지 않는 이상 스토리는 존재할 수 없기 때문입니다. requestingUser는 미소유 참조로 정의됩니다. 관련 사용자가 스토리가 존재하는 내내 함께 존재할 수밖에 없다고 간주되기 때문입니다. 반면 시스템 속 사용자에게는 requestedStory가 꼭 있을 필요는 없으므로, 이 참조는 관계가 언제든 제거될 만큼 약합니다(그림 11.2).

> **참고**
> 이 메모리 관리 규칙은 참조 타입에만 적용된다는 사실을 기억해 두세요. 구조체와 열거형은 값 타입이기 때문에 위에서 다룬 내용이 적용되지 않습니다.

클로저

클래스와 클로저는 둘 다 참조 타입입니다. 따라서 서로를 참조할 때 강한 참조 순환이 일어날 수도 있습니다. 이 강한 참조 순환은 클래스가 블록을 정의할 경우(그래서 참조하면) 아주 쉽게 발생할 수 있으며, 이때 블록 안에서 코드는 유지를 위해 self에 대한 참조를 캡처(capture)합니다.

오브젝티브-C에서는 이 과정을 블록에 캡처될 약한 객체(주로 self) 참조를 생성해 처리했습니다. 이는 강한 참조 순환을 깰 수 있는 좋은 방법이지만 에러가 발생하기 쉽습니다. 구문이 비직관적이고, 약한 참조를 써야 할 때 강한 참조를 대신 쓰기가 아주 쉽기 때문입니다.

스위프트에서도 강한 참조 순환을 피하는 원리는 비슷하지만 구문이 다릅니다. 클로저를 포함하는 범위 안에 약한 참조를 정의하고 그것을 사용하도록 기억해야 하는 대신 '캡처 목록'을 클로저 구문의 일부로 정의할 수 있습니다.

캡처 목록(capture list)은 강한 참조로 캡처하면 안 되는 모든 변수를 정의합니다. 변수들을 원래 이름으로 계속해서 참조할 수도 있습니다. 깜빡하고 weakSelf를 입력하지 않는 일이 더는 없는 거지요!

캡처 목록 구문을 구현하려면 사용할 변수 이름과 참조 타입을 대괄호로 감싸서 클로저의 파라미터 목록 앞에 위치시킵니다.

```
var nonRetainingClosure = { [weak self] (name: String) -> (success: Bool) in
    // 클로저의 바디는 self를 온전히 참조합니다
}
```

참조 타입은 상황에 따라 weak이나 unowned 참조를 쓸지 모르기 때문에 필요합니다. 캡처 목록에 여러 가지 항목이 들어가는 경우에는 콤마로 구분해 줍니다.

마무리

스위프트는 오브젝티브-C의 메모리 관리 기능을 수용하면서도 더 안전하고 쉽게 쓸 수 있도록 개선했습니다. 클로저에서 캡처 목록을 정의할 수 있게 되면서 weakSelf 스타일의 변수를 사용하려고 복잡한 패턴을 기억할 필요가 없어졌고, 처음 소개된 미소유 참조 타입 덕분에 강한 참조 순환이 일어나지 않을 정도로 논옵셔널 변수의 안전성이 향상되었습니다.

다음 장에서는 배열과 딕셔너리 활용법을 자세하게 알아 보겠습니다.

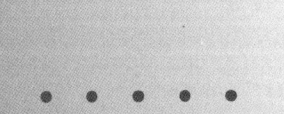

12장
콜렉션

오브젝티브-C와 스위프트의 콜렉션 기능을 다짜고짜 비교부터 해보자고 드는 것은 좋은 생각이 아닙니다. NSArray나 NSDictionary와 같은 콜렉션은 워낙 잘 알려져 있고 자주 사용되어 오브젝티브-C의 대표적 기능으로 꼽지만, 실제로는 파운데이션 프레임워크의 일부이고 언어 대 언어로 직접적 비교를 할 수 있는 대상은 오로지 C 언어 고유의 배열뿐이니까요. 하지만 파운데이션 콜렉션이 iOS와 macOS의 개발에 널리 사용된다는 점에서 보면, 콜렉션의 사용법 차원에서 스위프트의 콜렉션과 비교해보는 일은 의미가 있습니다.

스위프트에는 두 가지 콜렉션 타입(배열과 딕셔너리)이 있는데, 스위프트의 문자열처럼 이 둘도 변수보다는 상수로 선언함으로써 불변으로 만들 수 있습니다. 스위프트의 콜렉션은 Foundation의 콜렉션들과 상응합니다. Dictionary는 NSDictionary 또는 NSMutableDictionary와, Array는 NSArray 또는 NSMutableArray와, Set은 NSSet 또는 NSMutableSet과 상응하죠.

전반적인 비교

스위프트 콜렉션의 주요한 특징은 타입이 정형화된다는 점입니다. Foundation이 제공하는 콜렉션에서 객체를 삽입하거나 검색하는 메소드는 id 타입이기 때문에, 어떤 타입이든 콜렉션에 삽입할 수 있습니다. 일견 편해보이기도 하는 이 방법은 그러나 콜렉션에서 객체를 검색하는 경우에는 무척 불편합니다. 그래서 대부분의 개발자들은 객체에 알맞다고 '생각하는' 타입을 직접 할당하거나(런타임 크래시를 감수하고서), 아니면 오브젝티브-C에서 id를 할당하는 일반 패턴을 그대로 끼워 넣어 검사하고 특정한 클래스 타입으로 형 변환하여 사용합니다.

오브젝티브-C

```
NSArray *mixedArray = @[@"", @(1)];
id itemOne = mixedArray[0];
if ([itemOne isKindOfClass:NSString]) {
NSString *itemOneAsString = (NSString *)itemOne;
// Perform operations on confirmed NSString
}
```

반면 스위프트 콜렉션은 자동으로 타입이 지정됩니다. 만약, String 객체들의 배열로 어떤 배열을 선언한다면, 그 배열에 넣고 꺼낼 수 있는 유일한 타입은 String 객체입니다. 콜렉션에 무엇이 포함되어 있는지에 대해서 이렇게 명확하다는 것은 해당 콜렉션의 콘텐츠를 다룰 때, 추가적인 타입 확인이 필요 없다는 뜻이기도 합니다.

혼합된 타입의 배열로 꼭 작업해야 한다면 다른 방법이 있습니다. AnyObject 프로토콜을 사용하면 됩니다. 이보다 좀 더 안전하게 코드를 작성하려면, 특정 프로토콜을 따르도록 배열을 정의할 수 있습니다. 실질적인 타입과 관계 없이 그것이 프로토콜의 메소드를 지원한다면, 배열 내부의 데이터를 더욱 안전하게 다룰 수 있습니다. 또 다른 방법은 제네릭을 이용하는 것인데, 프로토콜과 제네릭에 관해서는 13장에서 다루겠습니다.

스위프트 콜렉션은 '원시' 타입의 데이터도 배열이나 딕셔너리에 직접 저장할 수 있습니다. 하지만 Foundation 콜렉션은 오로지 객체 타입만 저장할 수 있으며, 정수(integers), 실수(floats), 부울(Booleans) 같은 원시 타입은 콜렉션에 들어가기 전에 '박싱'되어야 하고[NSNumber처럼 객체 타입으로 랩핑(wrapping)되어야 하고], 다시 나올 때에는 '언박싱'되어야 합니다.

배열

배열(Array)은 모든 프로그래밍 언어에서 기본적인 콜렉션 타입입니다. 심지어 한참 선배격인 C 언어에서도 처음부터 이 개념이 있었습니다. 배열은 편리하고 이해하기 쉽습니다. 소량의 데이터들이 위치하고, 교체되고, 삭제되는 일련의 메모리 '상자'들이죠.

스위프트의 배열은 C 언어 배열과 많이 다른 성향을 띠지만, Foundation으로부터 받은 성격은 매우 유사합니다. 잘 다듬어진 오브젝티브-C와 비교해서 스위프트의 배열이 오히려 더 단순하지만 iOS와 macOS 개발에서는 더 견고한 바탕을 제공하고, 필요에 따라 NSArray로 보완해서 사용할 수도 있기도 합니다.

배열 생성

스위프트의 표준 라이브러리에 속하는 배열(그리고 딕셔너리)의 문법은 매우 뛰어납니다. 특정한 타입의 새로운 배열을 선언하려면, 대괄호 안에 타입을 선언합니다. 예를 들어 String 객체를 포함하는 배열을 생성하려면, 다음과 같이 합니다.

스위프트

```
var stringArray: [String]
```

빈 배열로 초기화하려면, 다음과 같이 작성합니다.

스위프트

```
stringArray = [String]()
```

물론 타입 추론은 배열 타입과 연동되므로, 다음과 같이 축약할 수 있습니다.

스위프트

```
var inferredStringArray = [String]()
```

오브젝티브-C처럼, 스위프트 배열에 직접 값을 초기 삽입하기 위해 리터럴 구문을 이용할 수 있습니다. Int 값을 지닌 새로운 배열을 생성하려면, 다음과 같이 작성합니다.

스위프트

```
var storyPoints: [Int] = [1, 2, 3, 5, 8]
```

오브젝티브-C보다 한 단계 더 나아가, 스위프트는 리터럴 구문에서도 타입 추론을 수행할 수 있습니다. 그러므로 다음과 같은 구문도 실행 가능합니다.

스위프트

```
var inferredStoryPoints = [1, 2, 3, 5, 8]
```

특정한 타입 대신 프로토콜로 작업하고 싶다면, 하나의 타입으로서 프로토콜을 명확히 정의해 주면 됩니다. 단, 서로 다른 타입의 객체 중에서 일반적인 프로토콜을 추론해 낼 수는 없습니다.

스위프트

```
protocol Estimatable { }
var miscStoryPoints = [Estimatable]()
```

이렇게 하면 Estimatable 프로토콜의 요구 조건을 만족하는 어떤 타입이라도 배열 안으로 삽입할 수 있습니다. 프로토콜 사용에 관해서는 13장에서 더 자세히 다루겠습니다.

배열 콘텐츠 읽어오기

어떤 배열에서 값을 읽는 가장 쉬운 방법은 2012년에 오브젝티브-C에 도입되었습니다. 우리에게 무척 익숙한 이 방법은 대괄호를 기반으로 하는 리터럴 구문을 이용하는 것입니다.

스위프트

```
let secondItem = storyPoints[1] // returns 2
```

NSArray에서와 동일하게, 심지어 C 언어의 배열에서와 같이, 배열 끝을 지나서 더 읽으려고 하면 문제가 발생할 수도 있어서, 랜덤 포인트에서 값을 읽기 시작하기 전에 배열의 크기를 분명히 알아야 합니다. NSArray에서와 같이, 스위프트의 배열에서도 count 속성(property)을 불러올 수 있습니다. 배열의 인덱스가 0에서부터 시작하므로 마지막 인덱스 값에서 1을 빼야 안전하다는 사실도 유념해야 합니다.

스위프트

```
let arraySize = storyPoints.count // returns 5
let lastItem = storyPoints[arraySize - 1] // returns 8
```

문자열에서처럼, 인덱스를 통해 배열을 탐색하기 위해 startIndex 속성과 endIndex 속성도 사용할 수 있고, count 속성도 함수도 사용할 수 있습니다.

참고

배열 끝에 항목을 삽입하려면 endIndex 속성을 그대로 이용할 수 있습니다. 다만, 마지막 항목을 읽고 싶으면 한 단계 뒤로 인덱스를 이동해야 합니다.

배열의 맨 처음 또는 마지막 항목을 얻고 싶다면 first 속성과 last 속성을 이용할 수 있습니다. 다만, 배열이 비어 있으면 옵셔널 값을 반환합니다. 배열 중간에서 어떤 값을 얻으려면 인덱스와 범위 연산자를 이용할 수 있습니다.

스위프트

```
let firstIndex = storyPoints.index(storyPoints.startIndex, offsetBy: 1)
let lastIndex = storyPoints.index(firstIndex, offsetBy: 2)
let subArray = storyPoints[firstIndex...lastIndex]
```

스위프트는 배열을 역순으로 복사하는 기능도 지원합니다.

스위프트

```
let backwardsArray = storyPoints.reverse()
```

지금까지 우리는 인덱스를 기반으로 배열 안에서 값을 찾는 방법을 알아봤습니다. 하지만 그 반대는 어떨까요? 이 때에는 index(of:) 메소드를 사용하면 됩니다.

스위프트

```
let threePointerIndex = storyPoints.index(of: 3) // returns 2
```

특정 객체를 찾을 수 없는 경우에 NSNotFound 값을 반환하던 NSArray와는 달리 이 메소드는 옵셔널 값을 반환하는데, 해당 객체가 배열 안에 존재하지 않으면 nil 값이 반환되고, 존재할 때에는 인덱스에 해당하는 Int 값이 반환됩니다.

배열 조작

가변 배열은, 한 개 또는 여러 개의 항목을 한 번에 추가하거나 삭제하는 다양한 메소드가 있습니다. 이런 메소드들은 대부분 인덱스에 의존해서 작동하므로, 런타임 크래시를 피하기 위해 이러한 연산이 어디를 가리킬 것인지 분명히 알아야 합니다.

객체 추가

가변 배열 끝에 단일 항목 추가하기 위해 (-[NSMutableArray addObject:]와 동일한 동작), 배열에 맞는 타입의 파라미터를 가지고 append 메소드를 호출하려면 다음과 같이 코드를 작성합니다.

스위프트

```
storyPoints.append(13)
```

오브젝티브-C에서는 -[NSMutableArray addObjectsFromArray:]를 이용해서 배열 끝에 다중 엘리먼트를 추가할 수 있습니다.

스위프트에서도 그와 같이 하려면, 알맞은 타입의 배열과 함께 append(contentsOf:) 메소드를 이용합니다.

스위프트

```
let extraPoints = [21, 34]
storyPoints.append(contentsOf: extraPoints)
```

오브젝티브-C에서 단일 엘리먼트는 -insertObject:atIndex:를, 다중 항목은 -insertObjects:atIndexes:를 사용해서 NSMutableArray에 엘리먼트를 삽입할 수 있습니다. 스위프트에서는 insert 메소드를 사용해서 단일 엘리먼트를 삽입할 수 있습니다.

스위프트

```
storyPoints.insert(4, at: 3)
```

다중 엘리먼트를 삽입하는 경우는, 스위프트와 오브젝티브-C의 구문에 다소 차이가 있습니다. 오브젝티브-C의 insertObjects:atIndexes:는 새로운 객체들의 배열과 그것들이 각각 어디에 삽입되어야 하는지를 지정하는 인덱스들의 배열을 취합니다. 이 때문에 인덱스들이 서로 인접하지 않는 기존 객체와 새로운 객체들이 뒤섞일 수 있습니다. 하지만 스위프트에서는 일련의 새로운 엘리먼트들을 오로지 단일 위치에만 삽입할 수 있습니다.

스위프트

```
let missingPoints = [6, 7]
storyPoints.insert(contentsOf: missingPoints, at: 5)
```

객체 삭제

NSMutableArray 타입에 객체를 배열에서 삭제하는 방법이 많다 보니 스위프트가 상대적으로 빈약해 보이죠. 하지만 스위프트도 배열에서 단일 객체를 삭제할 수 있습니다. 인덱스 값을 알면 객체를 직접 추출할 수 있습니다.

스위프트

```
var removedElement = storyPoints.remove(at: 3) // returns 4
```

NSMutableArray의 -removeObjectAtIndex:와는 달리, remove(at:) 메소드는 방금 삭제된 엘리먼트를 반환한다는 이점이 있습니다. 이 방법을 꼭 사용해야 하는 것은 아니지만, 사용했을 때 편리할 수 있습니다. NSMutableArray의 -removeLastObject 메소드에 상응하는 스위프트의 removeLast 메소드에도 똑같은 동작이 적용됩니다.

스위프트

```
removedElement = storyPoints.removeLast() // returns 34
```

스위프트의 메소드는 NSMutableArray의 전체 메소드 그룹과 일일이 대응하지 않습니다. 특정 객체를 배열에서 삭제하는 메소드들이 그렇죠. 예를 들어, -removeObject: 메소드는 배열 안에서 일치(isEqual: 비교에 따라)하는 객체를 찾아내어 삭제합니다. -removeObjectIdenticalTo: 메소드는 같은 동작을 수행하지만 포인터 기반의 비교를 통해 객체의 실질적 인스턴스만 삭제합니다.

스위프트에서는 앞서 언급한 find 함수를 사용해서 -removeObject:와 동일한 동작을 수행할 수 있습니다.

스위프트

```
if let eightPointerIndex = storyPoints.index(of: 8) {
    storyPoints.remove(at: eightPointerIndex)
}
```

index(of:) 메소드가 동등 연산자(==)에 기반해 동일성을 비교하는데, -removeObjectIdenticalTo: 메소드에 상응하는 메소드가 없으므로 일치 연산자(===)에 기반을 둔 동일성 비교가 필요할 것이라는 점을 유의해야 합니다. index(of:) 메소드가 이 같은 범위까지 처리하지는 못하므로, -removeObject:inRange: 메소드나 -removeObjectIdenticalTo:inRange: 메소드의 동작은 바로 그대로 수행할 수 없습니다. NSMutableArray의 -removeObjectsInRange: 메소드처럼 한 번의 연산으로 다중 객체를 삭제하려면, 스위프트에서는 removeRange 메소드를 이용할 수 있습니다.

스위프트

```
storyPoints.removeSubrange(4...5)
```

이 메소드는 오직 하나의 범위만 취할 수 있으므로, NSMutableArray의 -removeObjectsAtIndexes:와 동일하게 동작합니다.
배열 안의 객체를 모두 삭제하고 싶다면, removeAll 메소드를 사용합니다.

스위프트

```
storyPoints.removeAll()
```

이 메소드는 부울 파라미터인 keepingCapacity와 함께 호출될 수도 있습니다. keepingCapacity를 true로 설정하면 배열의 크기가 현재 사용되고 있는 그대로 유지됩니다. 현재와 비슷한 크기의 배열을 곧 재사용할 계획이라면, 효율을 높이기 위해 여기서 true를 사용할 수 있습니다. 그렇지 않으면, false를 사용해 메모리를 릴리즈합니다.

객체 교체

배열 안에서 엘리먼트를 교체하는 가장 직접적인 방법은 서브스크립트 대입 연산자를 이용하는 것입니다.

스위프트

```
storyPoints = [1, 2, 3, 4, 5, 6]
storyPoints[3] = 5
```

하나 이상의 항목을 교체하기 위해 범위 연산자도 이용할 수 있습니다. 다음의 예시는 특정 범위(4 ~ 5)안의 항목들을 4개의 새 항목으로 교체한 것입니다.

스위프트

```
storyPoints[4...5] = [8, 9, 10, 11]
```

입력한 범위에 해당하는 요소 개수와 교체하려는 항목의 개수가 같아야 할 필요는 없습니다. NSMutableArray와 비슷한 연산을 하려면, replaceRange 메소드를 사용합니다.

스위프트

```
storyPoints.replaceSubrange(5...7, with: [13, 21])
```

정렬

오브젝티브-C는 배열을 정렬하는 여러 가지 메소드를 제공하는데, 배열을 정렬할 때 여러분이 선호하던 수단이 아마도 오브젝티브-C로 작업한 지 얼마나 되었는지에 대한 단서가 될 것 같습니다. 언어가 진화하면서 새로운 배열 정렬 메소드가 도입되었고, 그것은 포인터를 정렬 함수로 전달하는 것에서부터 비교기(comparator) 블록을 지원하기 위해 정렬 기술어(decriptor)의 콜렉션을 정렬 함수로 전달하는 것까지 지원합니다. 다른 건 몰라도 오브젝티브-C의 최신 정렬 메소드를 선호하는 개발자라면, 스위프트의 정렬 메소드를 보고 실망할 수도 있습니다.

스위프트는 사용 중인 배열을 정렬하는 기능(sort 메소드를 이용해)과 사용 중인 배열은 그대로 놔두고 정렬된 카피를 산출하는 기능(sorted 메소드를 이용해)을 오브젝티브-C의 메소드를 그대로 보유하고 있습니다. 물론, 배열이 상수라면 sorted 메소드만 제공합니다.

두 가지 메소드 모두 동작을 수행하기 위해 똑같은 일반 구문을 이용합니다. 이들 메소드에는 두 가지 파라미터를 취하고 하나의 부울 값을 반환하는 함수나 클로저가 전달됩니다. 반환 값이 true면 정렬 후 앞의 파라미터가 뒤의 파라미터보다 앞에 정렬된다는 것을 의미합니다. 반대로 false면 뒤의 파라미터가 앞으로 정렬된다는 의미입니다.

스위프트

```
func descendingSort(first: Int, second: Int) -> Bool {
    return first > second
}
storyPoints.sort(by: descendingSort)
```

메소드가 클로저를 파라미터로 취하기 때문에, 클로저 간략화 구문과 파라미터 이름 생략 구문을 통해 정렬 연산 표기를 간략화할 수 있습니다.

스위프트

```
let ascendingPoints = storyPoints.sorted { $0 < $1 }
```

딕셔너리

C 언어에서는 배열이 콜렉션의 전부였습니다. 모든 항목의 인덱스를 알고 있으면 콜렉션 전체를 마음대로 처리할 수 있었죠. 하지만 데이터가 좀 더 구조적이고 방대하고 복잡해지면서, 딕셔너리(Dictionary)(혹은 해시 맵)라는 개념은 분명 더욱 중요해졌습니다. 스위프트의 표준 라이브러리는 언어의 최소 기능의 일환으로 당연히 딕셔너리 콜렉션을 포함하고 있습니다.

스위프트의 딕셔너리는 상수로 정의될 경우 Foundation의 NSDictionary와 같은 역할을 합니다. 변수로 생성될 경우에는 NSMutableDictionary와 같은 역할을 합니다(설명의 편의를 위해, 지금부터 두 경우 모두 NSDictionary라고 하겠습니다).

딕셔너리 생성

딕셔너리를 한 번에 생성하고 초기화하려면, 대괄호 안(배열에서 뭔가 하나 더 추가된 느낌으로)에 키와 값 타입을 콜론으로 구분해 지정합니다.

스위프트

```
var translationDictionary = [String: String]()
```

대괄호 안에 콜론으로 구분된 두 가지 타입에서 처음에 오는 것은 키 타입이고, 두 번째로 오는 것은 값 타입을 나타냅니다. 여기서는 키와 값 타입으로 모두 String을 사용하고 있지만, 두 타입이 반드시 같아야 할 필요는 없습니다. 리터럴 구문을 이용해서 딕셔너리를 채울 수 있는데, 중괄호 대신 대괄호를 사용한다는 점에서 오브젝티브-C의 구문과는 조금 다릅니다.

스위프트

```
translationDictionary = [
    "favorite": "favourite",
    "color": "colour",
    "initializer": "initialiser",
    "parentheses": "round brackets",
    "pound sign": "hash",
    "behavior": "behaviour"
]
```

배열에서와 같이, 리터럴 구문을 이용해서 딕셔너리를 생성하는 경우 타입 추론을 사용할 수 있습니다.

딕셔너리로부터 읽어오기

하나의 키와 함께 서브스크립트 연산자를 사용하면 딕셔너리로부터 단일 값을 얻을 수 있습니다.

스위프트

```
var realWord = translationDictionary["color"] // returns optional containing "colour"
```

키가 갖는 임의적 속성 때문에, 검색했을 때 공급된 키에 대한 엔트리가 딕셔너리에 없다는 결과가 나올 가능성이 매우 높습니다. 따라서 배열과 달리 딕셔너리로부터 값을 가져오면 옵셔널 값이 반환됩니다(위의 경우 String?). 또한 NSDictionary의 서브스크립트 연산자는 valueForKey:와 objectForKey: 메소드 동작과 아주 유사합니다.

NSDictionary에서와 같이, 개념상 딕셔너리의 요소는 순서가 없고 임의의 인덱스만 있습니다. 이 때문에 딕셔너리의 항목들을 여러 방법으로 반복할 수 있기는 하지만, 그렇게 했을 때 항상 제대로 동작하는 건 아닙니다. 딕셔너리를 두루 반복해야 한다면, 키와 값 모두 접근해야 합니다. 이를 위해 오브젝티브-C에서는 다음과 같은 패턴이 요구됩니다.

오브젝티브-C

```
for (NSString *key in translationDictionary) {
    NSString *value = translationDictionary[key];
    NSLog(@"%@: %@", key, value);
}
```

반면 스위프트에서는 다음과 같이 반환된 튜플을 활용하여 딕셔너리 각각의 요소를 확인해 볼 수 있습니다.

스위프트

```
for (key, value) in translationDictionary {
    print("\(key): \(value)")
}
```

키로만 되거나 값으로만 된 목록을 만들려면, NSDictionary의 allKeys나 allValues와 같이 딕셔너리 타입에서 읽기 전용 속성을 사용할 수 있습니다. 다만 스위프트에서는 간단한 배열로 반환되지 않는다는 점이 다릅니다. 서브스크립트 연산자를 사용해서 반복되고 접근될 수 있지만 딕셔너리 자체로부터 얻은 인덱스 값을 반드시 사용해야 합니다.

이는 문자열에서 문자를 접근하는 것과 유사합니다. startIndex 속성(property)이나 endIndex 속성(property)을 이용해서 딕셔너리의 시작이나 끝을 가리키는 인덱스 값을 얻을 수 있습니다. 또한 특정 키에 대응하는 인덱스 값도 얻을 수 있습니다(다만 nil 값이 아닌 경우 추출이 필요한 옵셔널 값을 반환합니다).

스위프트

```
var keyIndex = translationDictionary.index(forKey: "pound sign")
if let validKeyIndex = keyIndex {
    realWord = translationDictionary.values[validKeyIndex] // returns "hash"
}
```

딕셔너리 조작

딕셔너리의 참조변수를 알고 있으면, 그 콘텐츠를 바꿀 수 있습니다.

객체 추가 및 교체

딕셔너리에 항목을 추가하거나 교체하는 것은 서브스크립트 할당 연산자를 사용하는 것만큼 간단합니다. 공급된 키에 대응하는 객체가 이미 딕셔너리에 존재하면, 해당 항목은 교체됩니다. 키에 해당하는 값이 존재하지 않으면, 해당 항목은 추가됩니다.

스위프트

```
translationDictionary.count                        // returns 6
translationDictionary["Apple has"] = "Apple have"
translationDictionary.count                        // returns 7
translationDictionary["pound sign"] = "octothorpe"
translationDictionary.count                        // returns 7
```

삽입 전과 후의 count 값 확인 없이 삽입 성공 여부를 알고 싶을 때는, 딕셔너리 메소드인 updateValue(_:forKey:)를 사용합니다. 이 메소드는 교체된 값이 포함된 옵셔널 값을 반환하거나, 키에 대한 값이 미리 존재하지 않을 경우 nil 값을 반환합니다.

스위프트

```
let oldWord = translationDictionary.updateValue("coloUr", forKey: "color") // returns "colour"
```

객체 삭제

딕셔너리에서 단일 키와 그 키와 연관된 값을 삭제하는 방법은 다음과 같습니다.

스위프트

```
let removedWord = translationDictionary.removeValue(forKey: "Apple has")
```

키에 대한 값을 업데이트하는 updateValue(_:forKey:)처럼, 이 메소드 역시 키가 존재할 때에는 삭제된 값이 포함된 옵셔널 값을, 키가 존재하지 않을 때에는 nil 값을 반환합니다. 키 대신 인덱스 값을 알고 있을 경우에는 다음과 같이 인덱스 값을 사용할 수 있습니다.

스위프트

```
let index = translationDictionary.startIndex
translationDictionary.remove(at: index)
```

이렇게 하는 경우, 인덱스 값이 유효한지의 여부는 개발자에게 달려있습니다. 인덱스 값이 해당 범위를 넘어서면 런타임 크래시가 발생합니다. 또 이 메소드는 삭제된 값을 되돌려놓지 않아서 활용성이 낮습니다.

딕셔너리를 완전히 비우고 싶으면(예를 들어 영국인 저자의 원문을 미국 영어로 변환하는 일을 마쳤다면), removeAll을 쓸 수 있습니다. 배열에서와 같이, removeAll은 부울 파라미터를 취할 수 있어서 딕셔너리의 현재 크기를 유지하거나 삭제할 수 있습니다.

스위프트

```
translationDictionary.removeAll()
```

가변성

스위프트의 콜렉션 타입이 오브젝티브-C의 콜렉션 타입과는 다소 차이가 있기 때문에 가변성은 곰곰이 생각해볼 만한 주제입니다.

오브젝티브-C에서는 배열이 NSMutableArray로 선언되었을 경우 그 배열을 가변으로, NSArray로 선언되었을 경우 불변으로 간주합니다. 이름 자체에 의미가 들어 있기 때문에, 오브젝티브-C에서 가변 배열을 메소드로 전달하는 경우 거기에 엘리먼트를 추가할 수 있겠다고 예상할 수 있습니다. 다음의 메소드를 생각해봅시다.

오브젝티브-C

```
- (void)mutatingTheArray:(NSMutableArray *)theArray {
    [theArray addObject:@"Another Object"];
}
```

이 메소드가 호출되었을 때, 가변 배열은 호출 코드에서도 업데이트됩니다. 하지만 스위프트의 같은 메소드의 동작을 보죠.

스위프트

```
var mutableArray = [1, 2, 3, 4]
func mutatingTheArray(theArray: [Int]) {
    theArray.append(5)
}
```

안타깝게도, 이 메소드는 그림 12.1에서 보듯이 에러를 산출합니다.

그림 12.1 배열을 변경하려는 잘못된 시도

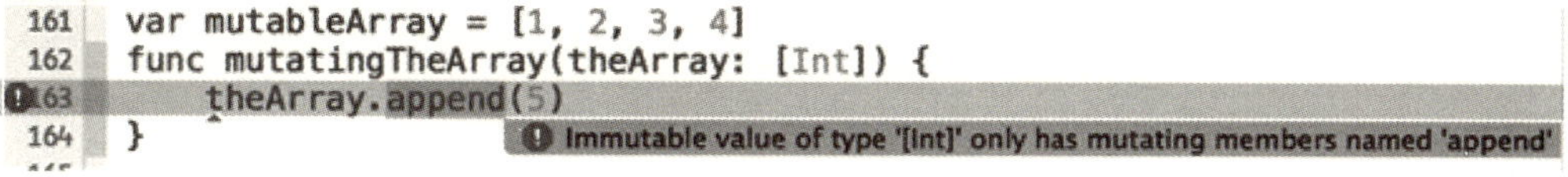

```
161  var mutableArray = [1, 2, 3, 4]
162  func mutatingTheArray(theArray: [Int]) {
163      theArray.append(5)
                     ⓘ Immutable value of type '[Int]' only has mutating members named 'append'
164  }
```

6장에서 파라미터를 공부할 때, 전달된 파라미터는 자동적으로 상수가 되므로 이것을 변수로 다시 선언하지 않으면 수정할 수 없다고 했습니다.

하지만 이 시점에서 오브젝티브-C와 스위프트의 또 다른 차이점이 드러납니다. 오브젝티브-C에서 배열과 딕셔너리는 클래스 객체 타입으로 구현되고, 스위프트에서는 구조체 객체 타입으로 구현된다는 점이죠. 10장에서 구조체가 함수에 할당되거나 전달된다는 것은 복사되는 것이며, mutableArray를 함수로 전달할 때, 함수에서 실제로 접근하는 것은 바로 mutableArray의 복제라는 사실을 배웠습니다. 배열을 마음껏 변경할 수 있지만, 그 변경사항은 함수의 동작이 완료되고 전달된 파라미터가 함수의 유효범위를 넘어서면 사라집니다.

배열이나 딕셔너리를 수정하는 가장 좋은 방법은 배열이나 딕셔너리를 함수에 전달하고, 그 복제 값을 생성하여 변경하고 반환한 다음, 배열이나 딕셔너리를 원래의 콜렉션에 다시 할당하는 것입니다.

스위프트

```
func mutatingTheArray(theArray: [Int]) -> [Int] {
    var theArray = theArray
    theArray.append(5)
    return theArray
}
```

마무리

Foundation 콜렉션 클래스와 비교해서 스위프트의 콜렉션은 다양성도 기능성도 떨어져 보입니다. 사실 Foundation의 콜렉션 타입이 더 다양하고 NSArray와 NSDictionary 클래스의 메소드 선택 폭이 Array나 Dictionary보다 더 넓습니다. 하지만 스위프트는 강력하게 타입화하는 콜렉션을 새로이 도입해서 안전성과 편리함을 더했습니다. 스위프트의 콜렉션은 앞으로 나올 더 많은 기능이 작동할 수 있는 든든한 기반이 되어줄 것입니다.

다음 장에서는 오브젝티브-C의 카테고리와 동격인 프로토콜과 익스텐션을 알아 보겠습니다. 또 프로토콜과 카테고리/익스텐션에서 자연스럽게 발전해온 것으로 오브젝티브-C에서는 지원하지 않아서 iOS와 macOS 개발자에게는 접할 기회가 없었던 제네릭도 공부합니다.

13장
프로토콜, 익스텐션, 제네릭

프로토콜은 오브젝티브-C 개발자에게 아주 익숙한 단어입니다. 프로토콜은 클래스가 따를 동작을 정의(속성이나 메소드의 형태로)할 목적으로 애플의 프레임워크에서 제공하는 개념입니다. 현재 클래스에 추가적인 기능을 제공하기 위해 사용되는 익스텐션은 어쩌면 새롭게 느껴질지도 모르지만, 오브젝티브-C에서 카테고리로서 이미 존재하는 개념입니다. 스위프트의 프로토콜과 익스텐션은 클래스와 더불어 구조체와 열거형에도 사용될 수 있다는 점에서 오브젝티브-C와 다릅니다.

'제네릭'은 스위프트에서 도입된 완전히 새로운 기술입니다. 제네릭의 목적은 함수나 타입이 컴파일 시점에 특정 자료형으로 지정되지 않아도 될 수 있도록 하는 것입니다. 이렇게 되면 함수나 타입을 좀 더 넓은 범위의 타입으로 쓸 수 있고, 이는 사실상 포괄적(generic)인 것이 됩니다. 스위프트의 배열과 딕셔너리는 강력한 타입화를 위해 제네릭에 의존합니다.

만약 제네릭이 없다면 스위프트 개발자들은 생성할 모든 타입을 예측하기 위해서뿐만 아니라 가능한 모든 타입 조합을 처리하기 위해 변형 배열 타입과 변형 딕셔너리 타입을 생성해야 합니다.

프로토콜

스위프트의 프로토콜(Protocol)은 오브젝티브-C에서와 거의 같은 방식으로 동작합니다. 단, 프로토콜을 생성하고 프로토콜의 요구 조건을 만족하는 구문에 주요한 차이점이 있습니다. 스위프트의 프로토콜은 클래스와 구조체 그리고 열거형에도 사용될 수 있습니다.

프로토콜 생성

오브젝티브-C에서 프로토콜을 정의하는 구문은 인터페이스와 구현 블록을 정의하는 구문과 유사합니다. @protocol 키워드 다음에 프로토콜 이름을 쓰고, 정의가 끝나면 @end 키워드를 씁니다.

오브젝티브-C

```
@protocol Estimatable
    // Method or property declarations
@end
```

스위프트에서 프로토콜 정의는 protocol Estimatable { ... }과 같이 protocol 키워드 다음에 프로토콜 이름이 오고 그 다음에 프로토콜 블록의 범위를 정하는 중괄호가 오는 식으로, 객체 타입을 정의하는 것과 유사합니다.

프로토콜은 하나 또는 여러 개의 프로토콜로부터 상속할 수 있습니다. 따라서 여러 프로토콜의 요구 조건을 단일 프로토콜로 조합하는 것이 가능합니다.

스위프트

```
protocol Predictable: Estimatable, Guessable { ... }
```

다른 프로토콜로부터 상속하듯이 class 키워드를 사용해서 오로지 클래스 타입에 의해서만 채택되도록 프로토콜을 한정하는 것도 가능합니다.

스위프트

```
protocol ClassyProtocol: class { ... }
```

메소드

프로토콜에 메소드를 포함시키는 방법은 객체 타입 안에 메소드를 정의하는 방법과 같습니다. 하지만 메소드의 정의만 넣어줄 뿐이므로 바디와 중괄호가 필요하지 않죠.

스위프트

```
protocol Estimatable {
    func produceValidEstimate(guess: Int) -> Int
    mutating func decreaseEstimate()
}
```

메소드로 인해 멤버 데이터가 어떤 식으로든 변경되면, 해당 메소드 정의에 mutating 키워드를 추가해야 합니다. 클래스 타입에서는 mutating 키워드가 필요하지 않지만, 프로토콜이 구조체나 열거형에서 채택된다면 mutating 키워드가 포함되어야 합니다 (그림 13.1).

그림 13.1 mutating 키워드가 포함되지 않으면 구조체는 프로토콜의 요구 조건을 만족할 수 없다

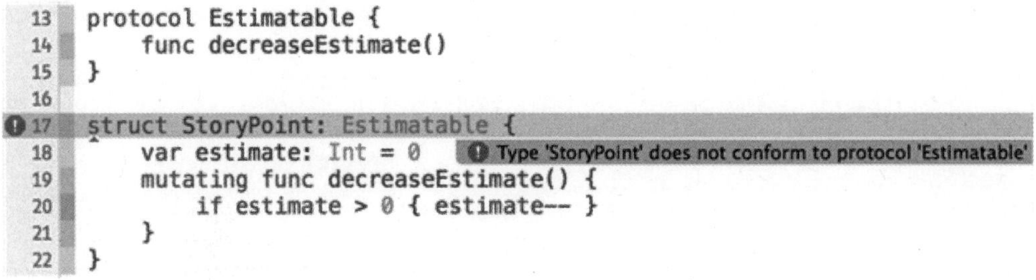

```
13  protocol Estimatable {
14      func decreaseEstimate()
15  }
16
17  struct StoryPoint: Estimatable {        ❶ Type 'StoryPoint' does not conform to protocol 'Estimatable'
18      var estimate: Int = 0
19      mutating func decreaseEstimate() {
20          if estimate > 0 { estimate-- }
21      }
22  }
```

스위프트에서 함수 파라미터에 디폴트 값을 지정할 수 있지만, 프로토콜 정의에서 디폴트 값을 지정할 수는 없습니다. 파라미터 이름(내부 및 외부 이름)을 정확히 해야 합니다. 프로토콜과 그 구현에서 이름이 정확히 일치해야 합니다.

프로토콜에 타입 메소드(오브젝티브-C의 클래스 메소드)를 생성하려면, class 키워드를 사용합니다. 구조체나 열거형에서 타입 메소드를 구현하려면, static 키워드로 메소드를 재정의해야 합니다.

속성

프로토콜에서 속성을 정의하는 방법은 객체 타입에 속성을 정의하는 방법과 유사합니다. 다른 점은 획득자(getter) 메소드만 가지고 있는지, 설정자(setter)도 가지고 있는지를 꼭 표기해야 한다는 점입니다.

스위프트

```
protocol Estimatable {
    var maximumValue: Int { get }
    var estimate: Int { get set }
}
```

프로토콜이 get set을 지정하면, 구현하는 타입도 획득자(getter) 메소드와 설정자(setter) 메소드의 속성이 같아야 합니다. 프로토콜에 정의된 획득자나 설정자를 가지는 계산 속성이나 저장 속성을 생성해주면 되는 것이죠.

만약 프로토콜에 get만 지정되어 있다면 속성을 구현할 때 '최소한' 획득자는 구현을 해주어야 합니다. 저장 속성 상수, 저장 속성 변수, 획득자만 구현된 계산 속성, 획득자와 설정자 모두가 구현된 계산 속성 등이 모두 여기에 속합니다.

> **참고**
> 속성은 프로토콜에서 항상 var로 선언되어야 합니다. 요구 조건을 만족하는 타입 안에서 그것들을 변수로 이용할 의도가 아니라고 해도 말이죠. 다만 실제로 프로토콜을 구현할 때에는 원하는 대로 속성을 상수로 재정의할 수 있습니다.

오브젝티브-C에서와 달리, 스위프트는 앞에 class 키워드를 붙여서 속성을 정의함으로써 프로토콜 안에 타입 속성을 생성할 수 있습니다. 타입 메소드에서와 같이, 구조체나 열거형에서 프로토콜을 구현하는 경우 static 키워드로 타입 속성을 재정의해야 합니다.

옵셔널 메소드와 옵셔널 속성

오브젝티브-C처럼 스위프트도 프로토콜에서 메소드와 속성 모두 선택 요구 조건으로 정의하는 기능을 지원합니다. 두 경우 모두 프로토콜 정의는 optional 키워드 다음에 와야 합니다. 단일 @optional 명령문이 그다음에 오는 메소드나 속성의 정의를 하나씩 옵셔널로 만들어주는 오브젝티브-C와는 다릅니다.

아쉽게도 옵셔널 메소드와 옵셔널 속성은 프로토콜이 @objc 특성으로 묶인 경우에만 사용할 수 있습니다. 클래스를 구현할 때에만 이 키워드를 사용할 수 있습니다.

(프로토콜을 정의하면서 class 키워드를 사용해도 효과는 같습니다).

@objc 속성(attribute)에 대해 더 알고 싶다면 15장을 참고하세요.

프로토콜 요구 조건 만족

객체 타입이 프로토콜의 요구 조건을 만족하려면, 클래스 상속을 구현하는 것처럼 프로토콜이 객체 타입에 반드시 구현되어야 합니다.

스위프트

```
struct StoryPoint: Estimatable {
    var maximumValue: Int {
        return 5
    }
    var estimate: Int = 0
    func produceValidEstimate(guess: Int) -> Int {
        return estimate
    }
    mutating func decreaseEstimate() {
        if estimate > 0 { estimate -= 1 }
    }
}
```

참고

오브젝티브-C에서와 달리, 스위프트에서 프로토콜의 요구 조건을 일부만 만족하는 경우에는 컴파일러 에러가 발생합니다.

클래스나 구조체 등의 객체들은 프로토콜을 쉼표로 구분하여 나열함으로써 다중 프로토콜의 요구 조건을 만족할 수 있습니다. 클래스 상속과 프로토콜 구현이 복합적일 때에는 상속 클래스를 프로토콜보다 앞쪽에 명시해야 합니다.

오브젝티브-C에서는 id⟨Estimatable⟩ estimatableItem과 같이 타입(대개 id 타입) 다음에 프로토콜을 꺾쇠괄호 안에 입력함으로써 변수나 메소드 파라미터가 프로토콜의 요구 조건을 만족함을 나타냅니다. 그러나 스위프트에서는 실질적인 구현 없이도 프로토콜이 타입으로 간주됩니다. 따라서 var estimatableItem: Estimatable과 같이 꺾쇠괄호 없이 프로토콜을 타입으로 선언해도 충분합니다.

'프로토콜 컴포지션' 즉, 상수나 변수가 다중 프로토콜의 요구 조건을 동시에 만족해야 하는 경우에는 예외입니다. 이 경우에는 다음과 같이 protocol 키워드 다음에 프로토콜 이름을 쉼표로 구분해서 꺾쇠괄호 안에 입력합니다.

스위프트

```
var estimatableGuessableItem: Estimatable & Guessable
```

객체 타입이 프로토콜의 요구 조건을 만족하는지 알아보려면, 스위프트의 '타입 연산자'를 사용하면 됩니다(단, 프로토콜이 @objc 속성(attribute)으로 표시된 경우에만 가능합니다). is 연산자는 NSObject 프로토콜에서 정의된 isKindOfClass:와 conformsToProtocol: 같은 리플렉션 메소드를 대신합니다. 객체가 프로토콜 요구 조건을 만족하면, 객체를 프로토콜 타입으로 다운캐스트하기 위해 as! 연산자를 이용하거나 옵셔널하게 다운캐스트하기 위해 as? 연산자를 이용할 수 있습니다.

이와 유사하게, 옵셔널 메소드나 옵셔널 파라미터를 옵셔널 값처럼 다뤄 옵셔널이 프로토콜의 요구 조건을 만족하는지 검사할 수 있습니다. 그러면 옵셔널 체이닝이나 옵셔널 바인딩을 쓸 수 있습니다.

익스텐션

오브젝티브-C에서는 클래스 안에 '카테고리'를 생성해 클래스의 기능성을 확장할 수 있습니다. 확장된 클래스는 카테고리가 임포트되는 곳이라면 어디든지 사용할 수 있습니다. 덕분에 편의 메소드를 현재 타입에, 혹은 서드파티 개발자들의 타입에까지 추가하는 방식이 유용했죠. 이는 상속하지 않고도 기능을 클래스에 추가하는 유용한 대안입니다.

스위프트는 '익스텐션(Extension)'이라는 새로운 이름으로 카테고리의 특성을 유지합니다. 그리고 구조체와 열거형에도 적용되도록 확장했습니다. 익스텐션은 새로운 인스턴스와 타입 메소드를 도입하고, 새로운 계산 속성(인스턴스와 타입 모두)을 추가하며, 타입 속성을 저장하는 데 쓸 수 있습니다.

현재 타입에 익스텐션을 생성하려면, 다음과 같이 extension 키워드 다음에 타입 이름을 입력하고 중괄호로 된 블록 안에 추가할 속성과 메소드를 입력합니다.

스위프트

```
extension StoryPoint {
    mutating func managerOverride() {
        decreaseEstimate()
    }
}
```

참고

오브젝티브-C의 카테고리와는 달리, 익스텐션은 이름을 따로 정하지 않습니다. 따라서 코드에 주석을 달아 해당 익스텐션의 목적을 기록해두면 편리합니다.

익스텐션은 확장하려는 객체가 구현된 소스 파일에 구현해도 무관합니다. 타입을 논리 블록으로 분할하기 위해 익스텐션을 사용하는 경우 이를 이용할 수 있습니다. 액세스 컨트롤을 익스텐션에 적용하는 것도 가능합니다. 따라서 private로 선언해주지 않고도 private 메소드와 private 속성의 '블록'을 생성하는 경우 익스텐션을 이용할 수 있습니다.

또한 익스텐션은 extension StoryPoint: Guessable { ... }과 같이 프로토콜 이름을 지정하고 익스텐션 바디의 일부로서 필요한 메소드를 구현함으로써 프로토콜 요구 조건 만족을 현재 타입에 추가할 수 있습니다.프레임워크가 제공하는 타입을 비롯해 모든 객체 타입을 확장할 수 있기 때문에, 이 방법을 사용하면 어떤 타입이라도 프로토콜의 요구 조건을 만족시킬 수 있습니다.

제네릭

스위프트가 macOS와 iOS 개발에 제네릭을 도입하여 다소 논란을 불러오기도 했습니다. 제네릭은 많은 언어에서 강력한 기능을 발휘하고 있어, 제네릭 기능의 덕을 톡톡히 본 개발자도 많죠. 하지만 동시에 된통 고생한 개발자도 많습니다.

제네릭을 활용하면 다양한 객체 타입과 함께 활용할 수 있는 함수와 타입을 생성할 수 있습니다. 그래서 제네릭 프로그래밍은 재사용할 수 있는 코드를 쉽게 만들 수 있는 반면, 디버깅이 어려워진다는 단점도 있습니다.

제네릭 함수

제네릭 함수를 정의하려면 함수 이름과 소괄호 사이에 놓인 꺾쇠괄호 안에 '타입 파라미터'를 입력합니다. 타입 파라미터는 함수에 전달되는 타입을 나타내기 위해 함수 정의와 바디에서 이용할 플레이스홀더(placeholder) 파라미터입니다. 관용적으로는 대개 'T'로 나타내지만 좀 더 서술적인 것이어도 좋습니다. 쉼표로 구분함으로써 다중 타입 파라미터를 이용할 수도 있습니다.

다음 예시는 단일 파라미터를 취하고 그 타입의 배열을 반환하는 arrayicize라는 이름의 함수를 생성한 예입니다. 전달되는 파라미터는 타입 T이고, 이 함수는 타입 T의 배열을 반환합니다. 함수 바디는 타입 T의 배열을 생성하고, 전달되는 파라미터를 추가하여, 타입 T의 배열을 반환합니다.

스위프트

```
func arrayicize<T>(type: T) -> [T] {
    let arrayOfType: [T] = [type]
    return arrayOfType
}
arrayicize(type: 1) // returns [ 1 ]
arrayicize(type: "One") // returns [ "One" ]
```

제네릭 타입

제네릭 타입은 보통 커스텀 콜렉션 타입을 제공하기 위해 사용됩니다. 스위프트의 배열과 딕셔너리는 그 자체가 제네릭의 도움으로 구조체로 구현된 것입니다. 제네릭 타입을 생성하려면, 객체 타입을 간단하고 평범하게 지정하고 타입 이름 끝에 하나 이상의 타입 파라미터를 꺾쇠괄호 안에 입력한 다음, 상속할 타입이나 해당 타입이 따를 프로토콜을 열거합니다.

다음의 코드 예시에서는 사용자 스토리(애자일(agile) 소프트웨어 개발 프로세스에서 제품 기능을 기술하는 수단)를 기반으로 포인트 값을 추산하기 위해 제네릭 타입을 생성합니다. 타입 파라미터인 T는 어떤 포인트 타입이든(실로 어떤 유형이든) 나타낼 수 있고, 배열([T])로 저장할 수 있습니다. 에스티메이터는 제네릭 타입 T를 받는 addPoint() 메소드를 이용해 스토리 포인트에 추가될 수 있습니다. 그렇게 추가되면, estimateFromUserStory()를 실행하기 위해 유저스토리를 제공할 수 있게 되고, 결과적으로는 스토리 포인트 값을 반환할 수 있습니다. 스토리 포인트가 추가되어 있지 않으면, 메소드는 옵셔널 T반환합니다.

스위프트

```swift
class PointEstimator <T> {
    private var points = [T]()
    func addPoint(point: T) { points.append(point) }
    func estimateFromUserStory(story: String) -> T? {
        let i = arc4random_uniform(UInt32(points.count))
        return points[Int(i)]
    }
}
```

제네릭 타입을 인스턴스화하는 방법은 보통의 인스턴스화 과정과 유사하지만 내부 타입(혹은 타입들)이 제네릭 타입 이름 뒤에 붙인 꺾쇠괄호 안에 지정되어야 합니다. 걱정 마세요, 직접 해보면 생각만큼 어렵지 않습니다.

스위프트

```swift
var estimator = PointEstimator<StoryPoint>()
estimator.addPoint(point: StoryPoint(estimate: 0))
estimator.addPoint(point: StoryPoint(estimate: 1))
estimator.addPoint(point: StoryPoint(estimate: 2))
estimator.addPoint(point: StoryPoint(estimate: 3))
estimator.estimateFromUserStory(story: "User story") // returns random value!
```

이 구문 예시는 개발자들이 임의로 추산을 한다는 좋은 본보기이기는 하지만, 처리되는 타입에 제한이 없다는 점에서 흠이 있습니다. 여러분은 코드가 포괄적이기를 바라기도 하지만, 지나치게 포괄적이지는 않기를 바라기도 할 것입니다.

다행히도, 제네릭은 타입 제한이라는 개념을 지원합니다. 덕분에 타입 파라미터를 지정하면서 그와 동시에 이용을 한정하도록 타입의 범위를 좁힐 수 있습니다. 이렇게 하려면, 다음과 같이 타입 파라미터 뒤에 콜론을 입력하고 하나 이상의 프로토콜을 타입 제한으로 지정합니다.

스위프트

```
class StoryPointEstimator <T: Estimatable> { ... }
```

다중 프로토콜을 하나의 타입 제한으로 이용한다면, '프로토콜의 모든' 요구 조건을 만족하는 타입들만이 유효 타입 파라미터로 받아들여질 것입니다.

마무리

스위프트는 iOS와 macOS 개발에서 타입을 사용자 지정하기 위해 지금껏 이용하던 것보다 더 나은 기능을 제공합니다. 프로토콜은 그 어느 때보다도 강력합니다. 클래스와 구조체, 열거형의 기능을 다 같이 확장한 익스텐션과, 저마다 특유의 제네릭 타입을 구축하는 새로운 방식(새롭고, 타입 안정성을 추구하는 언어라면 필수적인 특징이죠)을 제공하는 제네릭이 있기 때문입니다.

다음 장에서는 오브젝티브-C에는 없는 스위프트의 새로운 특징들과, 스위프트 이전의 과도기에 아쉽게도 아직 제자리에 머물러있는 오브젝티브-C의 특징들도 살펴 보겠습니다.

14장
서로 가지지 못한 것들

애플이 아무리 노력했다고 해도, 처음 몇 차례의 버전에서 스위프트가 오브젝티브-C의 모든 특징들을 결코 완전히 대체하지는 못했을 것입니다. 반대로 말하면, 구문만 새롭고 오브젝티브-C의 특징을 단순히 모방한 것에 그쳤다면, 스위프트는 결코 진정한 최신 언어로 비춰질 수 없었을 것입니다. 그러므로 이 장에서는 아직까지 깊이 파고들지 않았던 스위프트의 새로운 특징들과 더불어, 오브젝티브-C에서 스위프트로 발전해가는 과도기적 특징들도 함께 살펴 보겠습니다.

오브젝티브-C에서만 가능한 기능

새로운 프로그래밍 언어로 이행하는 일은 이미 숙지한 기능이 사라진다는 점에서 항상 반발이 따를 수밖에 없습니다. 오브젝티브-C에서 스위프트로 옮겨가는 것 역시 예외는 아닙니다. 스위프트 개발자들은 이전 언어에 존재하는 특정 기능의 누락이 단순히 시간 제약 때문에 생긴 것인지, 아니면 더는 필요하지 않다고 판단하여 그 특징을 그만 이용하기로 의도적으로 결정된 것인지 밝히지 않았습니다. 경우에 따라서는 사라진 기능을 되찾기 위해 오브젝티브-C로 돌아갈 필요가 있기도 하며, 어떨 때는 똑같은 결과를 산출하는 대안을 찾아야 할 것입니다.

KVO

키 밸류 옵저빙(key-value observing, KVO)은 오브젝티브-C에서 많이 이용되는 기능으로, 하나의 객체가 다른 객체의 상태 변화를 감시하고 그에 반응하게 하는 기능입니다. KVO의 편리한 기능을 빈번하게 사용했던 개발자는 스위프트에서 이 기능이 빠져버린 타격이 클 것입니다.

필요한 감시가 광범위하지 않고 미리 알려져 있다면, 속성 감시자가 한 가지 대안이 될 수 있습니다. 이 기본적인 형태의 감시는 코드가 자신의 속성에서 생긴 변화에 반응할 수 있도록 스위프트의 객체 타입 구현에 포함됩니다. 이에 대해 더 알고 싶다면, 9장의 '속성 감시자' 부분을 참고하세요.

KVO가 완전히 사라진 것은 아닙니다. 스위프트의 클래스가 NSObject로부터 상속하는 경우에는 여전히 KVO를 이용할 수 있습니다. 클래스 안에서 감시하고 싶다면, 감시하고 싶은 속성(property)을 dynamic 키워드로 표시합니다. 모든 속성을 감시할 수 있는 순수 오브젝티브-C와 달리, dynamic 키워드는 스위프트에서 KVO를 실행시키기 위해 꼭 필요합니다.

또 '전역 컨텍스트 변수(global context variable)'를 생성해야 하는데, 타입은 중요하지 않고 감시자를 설정하는 코드와 감시를 수행하는 코드에서 보이기만 하면 됩니다. 감시자 클래스에서, 감시자를 설정하려면 addObserver(_:forKeyPath:options:context:)를 사용합니다. 그리고 보통 오브젝티브-C에서 하듯이 observeValue(forKeyPath:of:change:context:) 메소드를 재정의하고, context 파라미터로 반드시 전역 컨텍스트 변수를 사용합니다.

리플렉션

리플렉션(Reflection)은 스스로 기능을 '확인'하는 코드의 기능을 뜻합니다. 오브젝티브-C에서는 NSObject가 제공하는 메소드(예를 들어 -repondsToSelector: 메소드)나 런타임 동작(예를 들어 인스턴스 변수(ivars)의 이름을 요청한다거나 클래스에서 셀렉터(selector)가 사용가능한 점 등)을 통해 리플렉션을 제공했습니다.

여러분의 예상대로, 클래스가 NSObject로부터 상속한다면 리플렉션은 어느 정도 이용 가능합니다. 그렇지 않다면, 주로 Xcode를 지원하기 위한 목적에서 제공된 것으로 보이는 undocumented 함수로 제한됩니다. 리플렉션 지원 기능은 스위프트에서 개선될 것 같지만, 한동안은 오브젝티브-C 수준에 미치지 못할 듯합니다.

> **참고**
> 리플렉션이 현재 어느 정도로 지원되고 있는지 보려면, 플레이그라운드에 MirrorType을 입력하고 [커맨드] 버튼을 누르면서 클릭하여 어떤 메소드가 나오는지 확인하세요.

다이나믹 디스패치

다이나믹 디스패치(Dynamic Dispatch)는 오브젝티브-C의 메소드를 호출하는 메커니즘에 붙은 이름입니다. 런타임에 메소드의 셀렉터는 코드의 어느 부분이 실행되어야 할지 결정하는 기능을 합니다. 오브젝티브-C 개발자들은 비구현된 셀렉터를 처리하기 위해 메소드 호출을 인터셉트하거나 런타임 중에 메소드 구현을 스왑('스위즐링'으로 알려진 프로세스)하는 등, 말도 안 되는 다이나믹 디스패치를 여러 해에 걸쳐 수도 없이 이용했습니다.

순수 스위프트 코드는 메소드가 호출될 때 실행할 코드를 결정하기 위해 다이나믹 디스패치와는 다른 메커니즘('static 디스패치'나 'vtable 디스패치'로 알려진 메커니즘)을 사용합니다. 이 메커니즘은 다이나믹 디스패치보다 훨씬 더 빠릅니다. 하지만 런타임 중에 메소드 호출을 인터셉트하거나 스위즐링을 실행하기 위해 디스패치 테이블에서 엔트리를 바꾸는 기능은 배제되었습니다. 만약 다이나믹 디스패치를 긴히 써야 한다면, 더 나은 성능을 포기하고라도 dynamic 키워드를 메소드에 명시하여 강제로 다이나믹 디스패치를 사용하도록 할 수 있습니다. 메소드를 @objc 속성(attribute)으로 표시하는 것은 단지 다이나믹 디스패치가 이용되어야 한다는 힌트만 컴파일러에 제공한다는 점을 명심하세요. dynamic 키워드가 다이나믹 디스패치의 실행을 명령합니다.

스위프트에서 새롭게 선보이는 기능

지금까지 다양한 스위프트의 새로운 특징(구조체와 열거형의 향상된 기능, 튜플, 제네릭, 액세스 컨트롤 등)을 알아봤지만 아직 살펴보지 못한 것이 몇 가지 더 있습니다.

네임스페이스

오브젝티브-C 개발자들은 대부분 클래스 프리픽싱(prefixing)에 익숙합니다. 애플이나 다른 개발사들이 지은 이름과 충돌하지 않도록 개발자 자신이나 개발사를 대표하는 세 글자(혹은 두 글자)를 신중히 선택해 조합하는 오래된 방법입니다.

스위프트는 개발자들의 타입 이름의 충돌 가능성을 줄이기 위해 네임스페이스(Namespace)라는 개념을 도입했습니다. 모든 코드가 모듈 단위로 네임스페이스되고 모듈이 자신의 Xcode 타깃을 기반으로 정의되기 때문에 프리픽싱을 굳이 쓰지 않아도 되어 더 편리해졌습니다.

다른 모듈/네임스페이스에서 코드를 이용하려면, 모듈 이름만 임포트(import)하면 됩니다. Foundation, AppKit와 UIKit도 이 방법으로 임포트합니다. 일단 임포트하면, 모듈 안의 타입은 타입 이름을 이용해서 바로 접근할 수 있습니다.

모듈에 있는 타입과 다른 프레임워크에 있는 타입 사이에 충돌이 발생하는 경우에는, 모듈 이름과 타입 이름을 모두 적어주어 접근할 수 있습니다(예를 들어 UIKit.UIView). 두 개의 외부 프레임워크 사이에 충돌이 생기면, 모듈 이름을 앞에 추가해서 그 둘을 구분하면 됩니다.

사용자 지정 연산자

개발자는 모두 함수나 타입의 이름을 마음대로 명명할 수 있습니다. 하지만 타입을 가지고 상호작용할 때 사용하는 연산자에 있어서는 오브젝티브-C에서 규정된 틀에 오랫동안 국한되어 있었습니다. 어떤 프로젝트(특히 수학, 과학, 공학, 재무 영역)에서는 해당 프로젝트 분야에 특화된 공통의 연산을 나타낼 때 자신만의 연산자를 생성할 수 있으면 이점이 있을 것입니다.

예를 들어, 자기 글이 총 몇 페이지나 될지 알아야 하는 어떤 작가가 있다고 생각해 봅시다. 가장 간단한 계산은 단어의 총 개수를 페이지 당 들어 있는 단어 수의 평균으로 나누는 것입니다. 책에는 소수점 이하의 숫자로 된 페이지가 없으므로, 결과 값을 올림해야 합니다. 오래 걸리기는 하지만 ceil() 표준 라이브러리 함수를 이용해서 이를 계산할 수 있었습니다. 하지만 그렇게 하는 대신, 이제 여러분은 다음과 같이 '나누기와 올림'을 나타낼 새로운 연산자를 정의할 것입니다.

스위프트

```
infix operator /^ { associativity left precedence 100 }
func /^ (left: Double, right: Double) -> Int {
    return Int(ceil(left / right))
}
```

첫 줄의 구문은 연산자 타입, 연산자 자체를 정의합니다(infix를 이용했지만 prefix나 postfix도 됩니다). 중괄호 안의 내용은 해당 연산자에 필요한 파라미터를 정의합니다. infix 연산자의 경우, 다른 연산자와 상호작용하는 데 필요한 associativity 값과 precedence 값을 정의합니다. 새로 만들어진 연산자는 다음과 같이 사용할 수 있습니다.

스위프트

```
let pageCount = 3100 /^ 250        // returns 13
```

참고 ◇◇◇
수리 연산자의 광범위한 콜렉션은 이미 맷 톰슨(Mattt Thompson)이 생성해 놓았습니다. GitHub의 Euler 프로젝트(https://github.com/mattt/Euler)는 사용자 지정 연산자에 대해 배울 수 있는 좋은 사례입니다.

코드를 융통성 있게 만든다는 영원한 과업에서, 연산자 오버로딩만큼 유용한 도구는 거의 없습니다. 스위프트에서는 자신만의 사용자 지정 연산자를 정의할 수 있을 뿐 아니라, 시스템에서 제공되는 연산자를 가지고 자신만의 '불손한' 목적에 맞게 재정의할 수도 있습니다.

코드의 간소화를 위해 연산자 오버로딩을 사용하는 경우(가령, 여러분만의 사용자 지정 유형과 조합하기 위해 연산자를 추가하는 경우), 매우 효율적일 수 있습니다. 다만, 그렇게 하는 경우 신중해야 합니다. 미묘하게 다른 동작을 하도록 현재 연산자를 재정의 하다보면 다른 개발자들에게 혼동을 안겨줄 뿐 아니라 추적이 힘든 버그를 만들어낼 수도 있습니다.

13장에 나오는 StoryPoint 구조체를 한번 생각해 봅시다. 두 개의 스토리 포인트 estimate를 조합하고 싶다면, estimate 값들을 추출해 더한 다음, 합산한 estimate를 지니는 새로운 스토리 포인트 객체를 생성해야 합니다. 다음과 같이 오버로딩된 '+' 연산자를 사용하여 연산을 캡슐화할 수 있습니다.

스위프트

```
func + (left: StoryPoint, right: StoryPoint) -> StoryPoint {
    return StoryPoint(estimate: (left.estimate + right.estimate))
}
```

```
let onePointer = StoryPoint(estimate: 1)
let twoPointer = StoryPoint(estimate: 2)
let threePointer = onePointer + twoPointer
```

FILTER, MAP, REDUCE

오브젝티브-C와 코코아(Cocoa)의 바깥세계에 있는 개발자들을 만나보면, 그 사람들이 함수 프로그래밍이나 고차 함수, 맵 리듀싱과 같은 기이하고 색다른 주제를 놓고 논의하는 것을 들을 수 있습니다. 스위프트가 발표되었을 때, 애플은 특히나 함수를 파라미터로 이용하는 것이 가능하기 때문에 스위프트가 함수 프로그래밍 개념에 더 알맞은 언어가 될 것이라고 역설했습니다. 스위프트에서의 함수 프로그래밍에 관한 완전한 논의는 다른 책에서 다루어야 할 광범위한 주제이지만, 타 프로그래밍 언어의 일급객체(first class citizen)에서 직접적으로 영감을 얻은 스위프트의 콜렉션 관련 세 가지 메소드는 여기서 논의할 만합니다. 바로 filter와 map, 그리고 reduce입니다.

이 메소드들은 일련의 데이터와 그 데이터를 가지고 동작해야 하는 함수를 취하고(그렇게 호출될 수 있고), 반환된 일련의 변경된 데이터를 산출한다는 점에서 공통의 패턴을 공유합니다.

알맞은 예시(별 것 아니기는 하지만)를 위해, 사용자 스토리와 그것의 포인트 값이라는 개념을 계속 사용해보겠습니다. 우선 하나의 이름과 포인트 값을 취하는 Story라는 이름의 클래스를 정의하고, 나중에 프로세싱하기 위해 몇몇 데이터를 취하도록 currentStories라는 이름의 배열을 정의합니다.

스위프트

```
class Story {
    let name: String
```

```
        var point: StoryPoint
        init(_ name: String, _ point: StoryPoint) {
            self.name = name
            self.point = point
        }
    }
    let currentStories = [
        Story("Story 1", StoryPoint(estimate: 3)),
        Story("Story 2", StoryPoint(estimate: 1)),
        Story("Story 3", StoryPoint(estimate: 4)),
        Story("Story 4", StoryPoint(estimate: 1)),
        Story("Story 5", StoryPoint(estimate: 3)),
        Story("Story 6", StoryPoint(estimate: 2)),
        Story("Story 7", StoryPoint(estimate: 0)),
        Story("Story 8", StoryPoint(estimate: 1))
    ]
```

이 데이터에서 원하는 것은 1에서 3 사이의 포인트 값을 가지는 스토리들을 합산한 값입니다. 포인트 값이 0이나 4인 스토리도 스토리의 이름도 신경 쓸 필요가 없습니다. 논리상 첫째 단계는 불필요한 스토리(포인트 값이 0이나 4인 스토리)들을 버리는 것이므로, 이들을 필터링할 방법이 필요합니다.

FILTER

스위프트에서 필터링 연산은 배열 객체에 관련된 filter 메소드를 호출해서 수행할 수 있습니다. 이 메소드에는 함수나 클로저로 정의될 수 있는 필터링 함수가 파라미터로 전달됩니다.

위의 데이터 세트를 처리하기 위해, 포인트 값이 1보다 작거나 3보다 큰 스토리를 삭제하는 필터를 적용합니다. 필터를 적용하려면 currentStories 배열에 대한 filter 메소드에 필터 연산을 수행할 클로저를 작성해 줍니다.

스위프트

```
let filteredStories = currentStories.filter { (story: Story) -> Bool in
    return story.point.estimate > 0 && story.point.estimate < 4
}
filteredStories.count // returns 6
```

이렇게 하면 여섯 개의 배열 엘리먼트는 그대로 남고 두 개의 배열 엘리먼트가 필터링됩니다. 개수가 줄어든 이 데이터 세트에서, 다음 단계에서 합산할 수 있도록 Story 객체를 그에 대응하는 일련의 정수로 변환하고 싶을 것입니다.

MAP

map 메소드는 변환 연산을 수행하는 데 이용할 수 있습니다. 메소드가 호출되는 대상 콜렉션은 출력 콜렉션을 산출하기 위해, 공급된 매핑 함수를 거치게 됩니다. 다음의 코드에서 공급하려는 매핑 함수는 Story를 입력으로 취하고 Story의 point 객체로부터 estimate 값을 추출합니다. 그러면 클로저로부터 정수가 반환되고, map 메소드가 그 정수를 출력 콜렉션에 위치시킵니다.

스위프트

```
let pointsOnly = filteredStories.map { (story: Story) -> Int in
    let point = story.point
    return point.estimate
}
```

이렇게 되면, 스토리의 포인트 총 합계를 계산할 수 있도록 정수 값의 배열 pointsOnly가 생성됩니다.

REDUCE

리듀스 메소드는 데이터 콜렉션을 단일 값으로 리듀싱하는 데에 그 목적이 있습니다. 스위프트의 reduce 메소드는 시작 값과 리듀싱을 수행하는 데 이용될 클로저를 파라미터로 취하며, 클로저 자체는 두 가지 파라미터를 취합니다. 하나는 누계(running total)이고, 다른 하나는 입력 콜렉션에서의 다음 값(next value)입니다.

클로저는 새로운 정수 값을 반환하는데, 그 값은 다음 차례의 반복에 피드백됩니다. reduce 메소드에 리듀싱할 데이터가 더 이상 없으면, 합계를 반환하여 totalPoints에 할당합니다.

스위프트

```
let totalPoints = pointsOnly.reduce(0) { (subtotal: Int, nextValue: Int) -> Int in
    return subtotal + nextValue
}
totalPoints // returns 11
```

이 예시들은 단순하기는 하지만 여러분의 코드에 filter, map, reduce가 이용될 가능성을 보여주는 예시입니다.

마무리

스위프트는 새롭게 등장해 빠르게 진화하고 있습니다. 스위프트는 분명 macOS와 iOS 개발의 미래이며, 미래를 그려나가는 가장 좋은 방법은 그 과정에 참여하는 것입니다. 베타 시절을 거치는 동안, 유저 피드백의 직접적인 결과로서 수많은 개선점들이 추가되고 여러 가지 수정이 있었습니다.

등록된 개발자라면, 버그 리포트 도구(http://bugreport.apple.com)에 로그인하여 문제를 신고하거나 개선 가능한 점을 제안하는 문제 요청을 올릴 수 있습니다.

다음 장에서는 이미 오브젝티브-C로 작성된 코드와 새로운 스위프트 언어의 중간 다리를 놓아, 두 언어가 상호작용할 수 있는 방법에 대해 좀 더 살펴보겠습니다.

15장
오브젝티브-C와 상호작용하기

macOS와 iOS 개발의 미래는 분명 스위프트에 달려 있습니다. 스위프트가 질풍노도의 시기를 겪고 있는 새로운 언어라는 사실, 그리고 코코아 개발이 여전히 오브젝티브-C와도 밀접하게 연관되어 있다는 사실을 감안하면, 상호 운용이 어느 정도 가능하다는 보증 없이 스위프트로 완전히 옮겨와도 괜찮다고 개발자들에게 확신을 심어주는 것은 결코 쉬운 일이 아닐 것입니다.

다행히도, 두 언어를 통합하는 정도는 개별 개발자나 개발 조직에 알맞게 조정될 수 있습니다. 현재의 오브젝티브-C 프로젝트에 스위프트의 클래스를 선별적으로 도입하거나, 스위프트 기반의 프레임워크를 통째로 포함시킬 수도 있습니다. 시작은 소규모로 했다가도 시간이 지나서 엄청난 수의 스위프트 코드를 도입하는 것입니다.

반대로 말하면, 새 프로젝트를 스위프트로 시작하고 싶은 경우에도 현재의 오브젝티브-C 코드를 개별 클래스나 프레임워크(서드파티나 여러분만의)의 형태로 가져와서 함께 사용하는 등, 많은 선택지가 있습니다.

오브젝티브-C에 스위프트 도입하기

대부분의 오브젝티브-C 기반 서비스를 스위프트로 전환하려면 현재의 오브젝티브-C 코드에 스위프트를 도입하는 방법 말고 다른 선택은 없습니다. 다른 언어로 모든 것을 단번에 옮겨가기에는 시간이나 재무예산상 가능하지 않을 테니까요. 이를 위한 애플의 '짜 맞추기'식 접근이 무척 인상적입니다. 파일별로 조금씩 가져오거나 완전한 프레임워크의 형태로 가져오는 등, 전체 프로젝트를 변경하지 않고도 스위프트 코드를 선별적으로 도입할 수 있습니다.

스위프트 파일 추가하기

기존 오브젝티브-C 프로젝트로 작업하는 경우, 스위프트 코드를 추가하는 방법은 쉽습니다.

① [File]- [New]-[File]을 선택합니다.

② 템플릿 대화 상자에서 [Swift File] 템플릿을 선택하고 새 파일에 이름과 로케이션을 지정합니다.

③ 오브젝티브-C 코드와 스위프트 코드 모두로 구성된 '혼합된 타깃'을 생성합니다.

④ Xcode는 '브리징 헤더'를 생성할 것인지를 묻는 새 대화 상자를 화면에 표시합니다(그림 15.1).

그림 15.1 브리징 헤더 생성을 묻는 Xcode 프롬프트

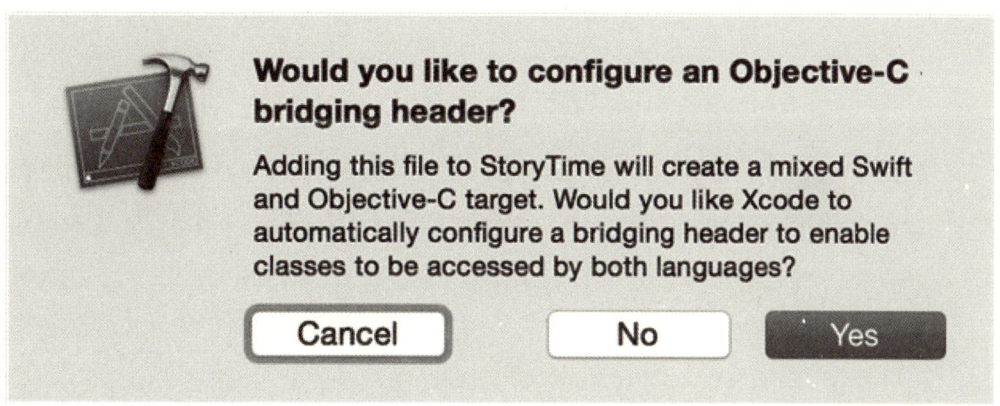

⑤ 〈Yes〉를 클릭하면 Xcode는 브리징 헤더를 생성합니다. 현재 타깃 안의 스위프트 코드에서 오브젝티브-C 클래스에 접근하고 싶다면 이 브리징 헤더에 '임포트'해야 합니다. 코드를 한쪽 방향으로만 '흐르게' 할 생각이라면(오브젝티브-C에서 스위프트를 이용하고 그 반대는 아니라면), 브리징 헤더가 필요하지 않으므로 〈No〉를 클릭해도 좋습니다.

그래도 지금 브리징 헤더를 생성한다고 해서 나쁠 건 없습니다. 선택은 전적으로 사용자의 몫입니다.

참고 ◇◇
템플릿에서 스위프트 파일을 생성하든, 현재 파일을 프로젝트에 드래그해서 놓든 결과는 똑같습니다. Xcode는 스위프트 코드를 추가하려는 의도를 감지하고 앞서와 똑같은 프롬프트를 화면에 표시합니다.

스위프트는 헤더 파일이 없으므로, Xcode가 굳이 브리징 헤더 같은 것을 만들 필요가 없습니다. 하지만 아직은 스위프트 타입을 오브젝티브-C에서 사용할 특정 방법은 필요합니다.

오브젝티브-C에서 스위프트 코드 이용하기

오브젝티브-C는 여러분의 작은 도움 없이는 스위프트 코드를 이해하지 못합니다. 혼합된 언어 타깃에서 스위프트 소스 파일을 컴파일하는 경우, 컴파일러는 오브젝티브-C 코드에서 이용하고 싶은 스위프트 클래스를 오브젝티브-C 형식으로 표현하는 헤더파일을 만들 것입니다.

오브젝티브-C가 스위프트 클래스를 인식하게 하려면 해당 클래스를 @objc 속성(attribute)으로 표시해야 합니다. @objc 속성(attribute)을 추가한 스위프트 클래스와 그 클래스의 public 메소드, internal 메소드, public 속성(property), internal 속성이 스위프트 헤더에 들어갑니다. 그렇게 되면 헤더는 오브젝티브-C 코드에 의해 임포트될 수 있고, 스위프트 객체는 오브젝티브-C 코드로 작성된 것처럼 이용될 수 있습니다. 임포트를 수행하려 할 경우, 반드시 #import '모듈명-Swift.h' 구문을 이용해야 합니다.

> 참고
>
> 스위프트 헤더는 프로젝트 소스 파일 자체로 보이지 않아도 Open Quickly 기능(<command>+<shift>+<O>)으로 모듈 이름을 입력하면 살펴볼 수 있습니다(그림 15.2).

그림 15.2 Open Quickly를 이용해 오브젝티브-C에 스위프트 헤더 로케이팅하기

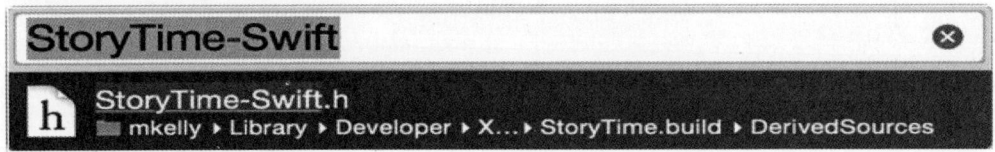

@objc 속성(attribute)은 프로토콜, 익스텐션, 메소드, 속성(property)에도 추가될 수 있지만, 구조체나 열거형(오브젝티브-C에서 second class citizen)에는 추가될 수 없습니다. 이러한 타입 중 하나가 속성(property)이나 파라미터, 혹은 반환 값으로 사용된다면, 그에 해당하는 항목은 스위프트 헤더에 포함되지 않을 것입니다.

@objc 속성(attribute)은 여러 가지 암시적인 방식으로 적용할 수 있습니다. NSObject로부터 클래스를 확장하거나 NSObject로부터 간접 상속한 클래스를 확장하면 @objc와 똑같은 효과가 있습니다. 메소드나 속성(property)을 dynamic 키워드로 표시하거나, @IBOutlet이나 @IBAction 속성, 혹은 @NSManaged 속성(코어 데이터로 관리되는 객체를 나타내는 속성)으로 표시해도 똑같은 효과가 있습니다.

스위프트 코드를 변경하는 경우, 반드시 Xcode 빌드 액션을 실행해야 합니다. 스위프트 헤더 파일은 자동으로 생성되지 않습니다. 따라서 오브젝티브-C 코드에 쓸 수 있도록 스위프트 헤더파일이 변경되기 위해서는 빌드를 해줘야 합니다.

스위프트 클래스의 인스턴스화는 보통의 오브젝티브-C 클래스와 똑같은 방식으로 가능하지만, 조금 주의할 점이 있습니다. 그저 클래스에 @objc 키워드를 추가하기만 해준다면 alloc 클래스 메소드를 쓸 수가 없다는 겁니다. 이 제한을 피하려면 NSObject로부터 상속하는 방법과 편의 메소드를 정의해 객체를 생성하는 방법이 있습니다.

스위프트

```
@objc class StoryPoint: NSObject {
    class func createStoryPoint() -> StoryPoint {
        return StoryPoint()
    }
}
```

이제 오브젝티브-C 코드에서 다음과 같이 객체를 생성할 수 있습니다.

오브젝티브-C

```
StoryPoint *storyPoint = [StoryPoint createStoryPoint];
```

스위프트 헤더를 생성하는 경우, Xcode는 가능한 한 오브젝티브-C답게 만들기 위해 최선을 다해 스위프트 이니셜라이저를 만들 것입니다. 예를 들어 이니셜라이저가 init(estimate:Int)이라면, 생성된 오브젝티브-C 이니셜라이저는 -initWithEstimate:(NSInteger)estimate가 됩니다.

Xcode는 일반 스위프트 메소드를 오브젝티브-C의 방식으로 만들지는 않습니다. 하지만 메소드 이름을 사용자 지정하고 싶다면, Xcode가 생성한 디폴트된 메소드 이름을 재정의하기 위해 새로운 메소드 이름을 파라미터로 사용하는 @objc 속성(attribute)을 사용할 수 있습니다. 초깃값을 createStoryPoint()에 제공하고 싶다면, 다음과 같이 할 수 있을 것입니다.

스위프트

```
@objc(createStoryPointWithEstimate:)
class func createStoryPoint(estimate:Int) -> StoryPoint {
    return StoryPoint(estimate: estimate)
}
```

생성된 이니셜라이저가 왠지 마음에 들지 않는다면, 이니셜라이저 원하는 대로 바꿔주는 데에도 이 방법을 사용할 수 있습니다.

스위프트에서 오브젝티브-C 코드 이용하기

스위프트 코드를 구현할 준비가 완벽히 되어 있고, 스위프트로 모든 코드를 작성할 수 있다 하더라도, 프로젝트 어딘가에서 오브젝티브-C 코드를 다시 이용해야 할 일이 있을 것입니다. 이때 적용할 수 있는 방법을 알아봅시다.

오브젝티브-C 파일 추가

스위프트 프로젝트에 오브젝티브-C 파일을 추가하는 방법은 앞부분에서 다룬 반대 방향의 절차와 똑같습니다. 오브젝티브-C 클래스를 생성하거나 임포트하는 경우, Xcode는 브리징 헤더 생성을 위해 앞서와 똑같은 프롬프트를 화면에 표시합니다(그림 15.1).

브리징 헤더의 파일명은 모듈명-Bridging-Header.h의 형식을 따릅니다. 그리고 스위프트 파일을 추가하는 경우와 달리, 여기서는 개발자가 수동으로 변경할 것이 분명하기 때문에 브리징 헤더가 프로젝트 안에서 파일로 나타납니다. 새로운 오브젝티브-C 클래스를 스위프트 코드에서 이용해야 한다면, 여타의 오브젝티브-C 파일에 import문을 이용하듯이 브리징 헤더를 편집해서 오브젝티브-C 헤더 파일을 추가해야 합니다. 그렇게 브리징 헤더가 저장되면, 그 클래스는 스위프트 코드에서 이용 가능해집니다. 프로젝트에 추가한 오브젝티브-C 클래스 내에서 스위프트 클래스를 참조해야 한다면, 스위프트 브리징 헤더도 이용 가능합니다.

문법 변화

오브젝티브-C 코드를 그것이 본래 속한 세계의 외부에서 이용하려고 하는 경우, 애플은 외부(아마도 스위프트)에 임포트가 진행되는 동안 좀 더 스위프트다운 형태가 되도록 구문과 타입을 구슬리며 여러분을 위해 힘든 일을 해냅니다.

특히 이니셜라이저 이름에 신경을 많이 씁니다. init와 initWith는 이니셜라이저 선택자의 처음 부분에서 삭제되고, 나머지는 메소드의 첫 번째 파라미터로 변환됩니다. 셀렉터(selector)의 나머지 부분은 파라미터 값으로 변환됩니다. 예를 들어, -initWithValue1:(Type1)value1 value2:(Type2)value2는 init(value1:Type1, value2:Type2)가 됩니다.

편의 이니셜라이저로 동작하는 오브젝티브-C의 클래스 메소드(+[MKObject objectWithValue:] 같은)는 스위프트에서 보통의 이니셜라이저로 변환됩니다.

스위프트다운 코드로 변경하는 임포트 프로세스는 클래스 메소드가 클래스 이름과 똑같은 단어로 시작하는지 확인하는데, 이 프로세스는 클래스 이름에서 클래스 프리픽스를 감지하고 그와 일치하는 편의 이니셜라이저를 찾을 경우 클래스 프리픽스를 빼버릴 정도로 스마트합니다.

메소드 이름의 변동 폭이 넓기 때문에, 임포트 프로세스는 이니셜라이저를 정리할 때와 똑같은 방식으로 메소드를 정리하려고 하지는 않습니다. 선택자의 처음 부분은 메소드 이름으로 이용되고, 나머지 부분은 파라미터로 변환됩니다.

파라미터가 없는 메소드로부터 값을 반환받기 위해 오브젝티브-C에서 도트 구문을 사용하고 있다면, 스위프트에서는 그렇게 할 수 없다는 점을 알아둡시다. 반드시 소괄호를 사용하여 메소드를 호출해야 합니다. 임포트 프로세스 때문에 메소드와 속성이 엄격히 구분됩니다.

타입 변화

타입의 안정성 측면에서 스위프트와 오브젝티브-C가 근본적으로 다르다는 것은, 오브젝티브-C 클래스를 스위프트에서 이용하는 경우 좋은 의미에서 의혹을 가지고 처리해야 한다는 뜻입니다. 오브젝티브-C 메소드로 전달되거나 메소드부터 반환받는 객체 인스턴스는 잠재적으로 추출된 옵셔널로 가정하긴 하지만 어쨌든 스위프트에서는 옵셔널로 취급됩니다. 오브젝티브-C 클래스로부터 받은 값이 안전하게 이용될 수 있을지를 판단하는 일은 사용자의 몫입니다. 클래스를 작성하고 그 클래스가 늘 값을 반환한다는 점을 알고 있다면, 잠재적으로 추출된 옵셔널을 자신 있게 이용해도 좋습니다. 클래스가 nil을 반환하지 않을지가 확실치 않다면, 의혹을 가지고 그 클래스를 관찰하고 옵셔널 바인딩이나 옵셔널 체이닝을 이용해 런타임 크래시를 확실하게 막아주어야 합니다.

NSString, NSArray, NSDictionary, NSNumber 같은 타입을 받거나 반환하는 오브젝티브-C 메소드는 그에 상응하는 스위프트의 타입으로 변환됩니다.

id 유형은 스위프트의 AnyObject 또는 Any 프로토콜로 변환됩니다. AnyObject / Any 프로토콜은 교묘한 트릭을 숨기고 있기 때문에 이 프로토콜을 따르는 객체에는 어떤 메소드라도 호출할 수 있게 됩니다. 그래서 타입을 잘못 추측하고 작업을 진행하면 런타임 에러가 발생할 수 있기 때문에, 이를 방지하기 위해 AnyObject/Any에 메소드를 호출할 때 옵셔널 체이닝을 사용합니다. 물론, 타입 연산자를 이용해서 실질적으로 작업할 객체의 타입을 알아보는 것이 더 안전합니다.

프레임워크

스위프트와 오브젝티브-C 코드는 어떤 타깃 타입에서든 혼합해 쓸 수 있습니다. 애플리케이션은 물론이고 혼합된 소스 프레임워크도 생성할 수 있다는 뜻이죠. 이 프레임워크는 작성된 언어에 상관없이 어떤 타입의 애플리케이션 타깃으로도 임포트될 수 있습니다.

스위프트 코드를 프레임워크에 포함시킬 때, 기억해야 할 가장 중요한 것은 타입에 사용하는 액세스 컨트롤의 레벨입니다. 액세스 컨트롤의 디폴트 레벨은 internal입니다. 이는 레벨을 명시적으로 지정하지 않을 경우에 자동으로 지정되는데, 타입이 그 타입의 모듈이나 타깃에서만 보인다는 의미입니다. 여러분의 프레임워크를 이용하는 사람들이 사용할 수 있는 API를 생성하고 싶다면, 노출하고자 하는 타입을 public 또는 open으로 표시해야 합니다. 또 API의 일부로 노출시킬 메소드나 속성(property)도 public/open으로 표기해 주어야 합니다.

오브젝티브-C에 비하면 지루하게 한 단계를 더 거치는 것처럼 보일 수도 있겠지만, 이렇게 하면 분명 여러분의 API에 안정성을 한 단계 더 높일 수 있습니다. 이런 방법이 없다면, API에서 숨기려고 카테고리 안에 숨기고자 하는 메소드나 속성을 구현해 주는 오래된 오브젝티브-C의 트릭에 의지해야 할 것입니다. 스위프트에서는 하나의 키워드만 바꿔주면 되는 일이죠.

마지막 마무리

스위프트 개발자들은 사람들이 큰 변화가 많은 스위프트라는 언어를 순조롭게 채택할 수 있도록 노력해왔습니다. 똑같은 프로젝트에, 심지어 똑같은 타깃에 두 가지 언어를 모두 사용할 수 있다는 사실은 오브젝티브-C에서 스위프트로 이전하는 과정에 더욱 박차를 가할 것입니다. 오브젝티브-C의 API를 본디부터 스위프트에 속해 있던 것처럼 보이게 하려고 해온 노력 또한 크나큰 도움이 될 것입니다.

이 책 역시 여러분에게 도움이 되기를 바랍니다.

'언어를 옮겨가는 여러분의 여정이 스위프트하기를.'

> **참고**
> 스위프트(swift)는 명사로 칼새라는 의미와 더불어 형용사로 재빠른, 신속한 등의 의미가 있습니다.

오브젝티브-C가 스위프트를 만났을 때
: 오브젝티브-C 유저에게 매우 유용한 전환 가이드

초판 1쇄 발행 / 2017년 06월 25일

지은이 / 모리스 켈리
옮긴이 / 기번스 (한희정, 임종원, 손란미, 민웅기)
감수자 / 이재은

편집 / 조서희, 한희정, 김부장
디자인 / 서당개

펴낸이 / 김일희
펴낸곳 / 스포트라잇북
제2014-000086호 (2013년 12월 05일)

주소 / 서울특별시 영등포구 도림로 464, 1-1201 (우)07296
전화 / 070-4202-9369   팩스 / 02-6442-9369
이메일 / spotlightbook@gmail.com

주문처 / 신한전문서적 (전화)031-919-9851 (팩스)031-919-9852

책값은 뒤표지에 있습니다.
잘못된 책은 구입한 곳에서 바꾸어 드립니다.

Copyright © 모리스 켈리 2017, Printed in Korea.
저작권법에 의해 보호 받는 저작물이므로 무단전재와 복제를 금합니다.

ISBN 979-11-87431-07-7 13560

스포트라잇북은 주목받는
잇북(IT Book)을 만듭니다.